# 愛しのドラゴンズ!

## ファンとして歩んだ半世紀

北辻利寿
Toshinaga Kitatsuji



ゆいぽおと

# ドラゴンズファングッズ

少年ドラゴンズ会員に配布されたクッション。1974年の20年ぶり優勝の主力選手のサインと連覇をめざす気合いの一品

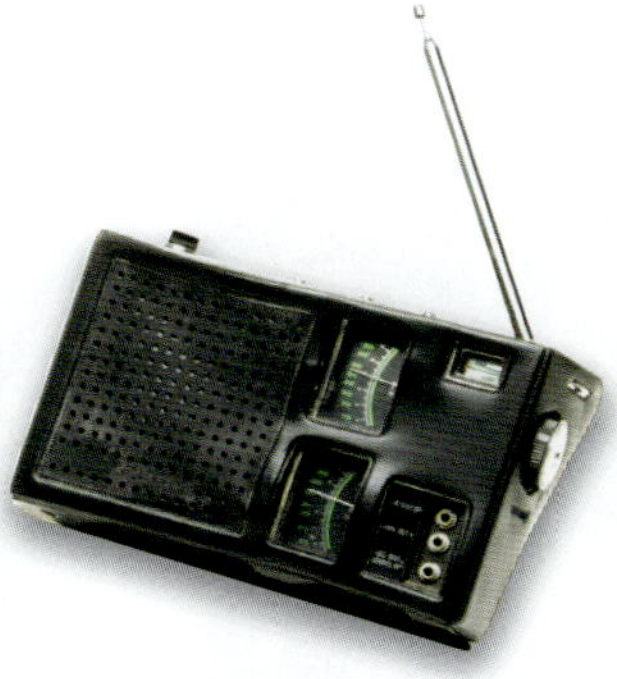

子ども時代から野球中継を聴き続けた愛用のトランジスタラジオ。ビニール袋に包み浴室にも持ち込んだ

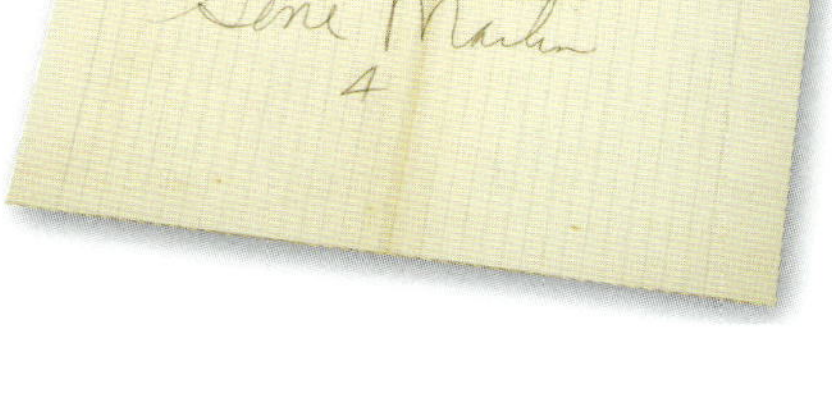

ピザレストランで出会ったマーチン選手のサイン。高校時代だったためノートに書いてもらった

ドラゴンズファングッズ

ドラゴンズのイヤーブック（現ファンブック）。1970年代から毎年欠かさず購入している。表紙がその時代を象徴している

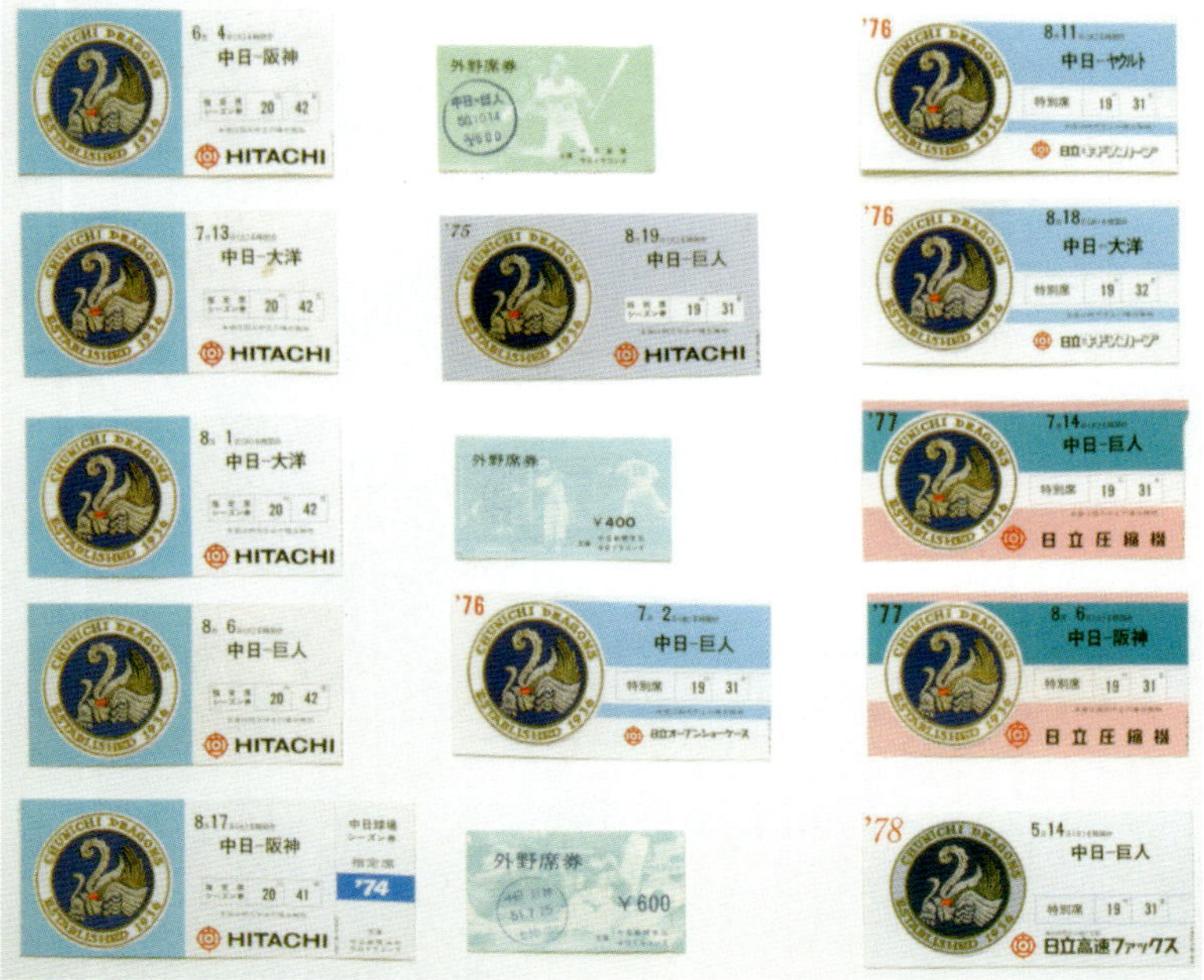


ドラゴンズ戦観戦チケットの一部（1974年〜1981年）

# ドラゴンズファングッズ

森野将彦選手のバットと名人・久保田五十一さんが自らの黄綬褒章記念に作成したバット。
サインボールは長年のコレクションの一部。歳月が過ぎ、文字が消えてしまったものも多々

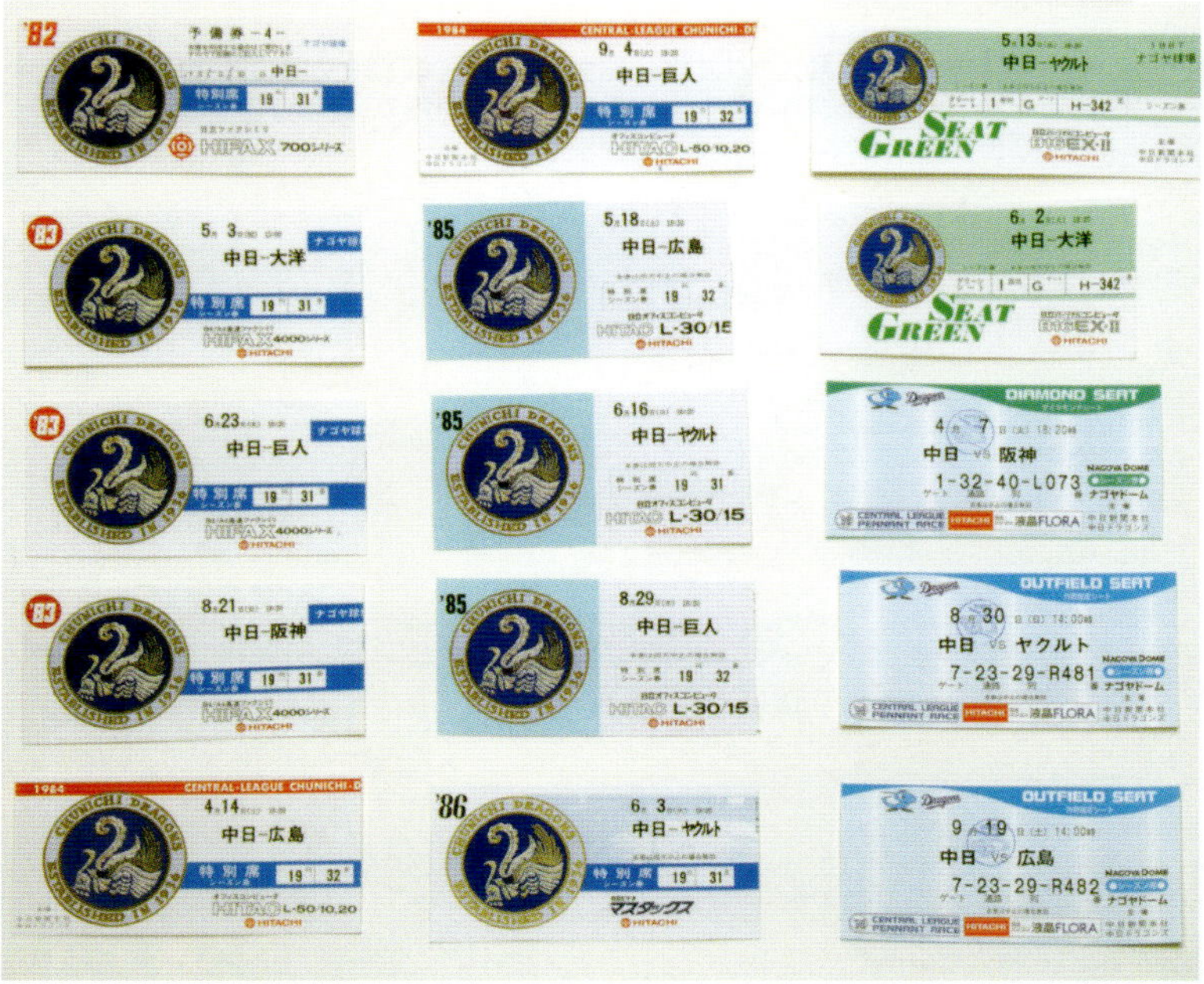


ドラゴンズ戦観戦チケットの一部（1982年〜2000年）

# ドラゴンズファングッズ

職場の仲間からの贈り物。名前入りユニホームは編成部から異動する時の特注餞別品。背番号はCBCテレビのチャンネル「5」。帽子は沖縄キャンプ取材用で、現地に行ったディレクターが毎年わざわざ持ち帰ってくれる

ドラゴンズ戦観戦チケットの一部（2002年～2015年）

# 愛しのドラゴンズ！

## ―ファンとして歩んだ半世紀―

北辻利寿

# はじめに　―80周年へのプレイボール―

「ドラゴンズ好きですか?」

よくいろいろな人から尋ねられる。

そして、私の答はいつも決まっている。

「いいえ。好き嫌いのレベルではありません。生活の一部です」

決して大げさではなく、中日ドラゴンズは、私の人生において〝生活の一部〟である。


私は、中日球場（現ナゴヤ球場）近くの名古屋市中川区で生まれた。病院ではなく、実家の八畳間で産声をあげたので、まさに〝球場近くで誕生した〟ことになる。生後1か月で伊勢湾台風に見舞われ、その八畳間の壁は吹き飛んだそうだ。

町はいわゆる〝ドラゴンズタウン〟だったし、いつも球場の歓声が聞こえていたから、まさにドラゴンズは〝生活の一部〟だった。その意味で、ファン歴は、自分の年齢と同じといえる。そして、ずっと中日ドラゴンズを愛してきた。

実は、中学1年から今日にいたるまで、毎日毎日、習慣として日記をつけている。13歳からなので、日記帳の数は40冊をとうの昔に超えているのだが、そこには自分についての出来事とともに、折々ドラゴンズについても書いてきた。実際に球場で観戦したゲームのチケットは、すべて日記帳にはさんである。大切なゲームの新聞記事も保存してある。まさに〝ドラゴンズファン日記〟ともいえる。

ドラゴンズ球団創設80周年を機に、あらためてこの日記を読み返し、ファンの立場から歴史をふり返ることになった。「ドラゴンズファンとしての自分史」「ドラゴンズの歴史」そして「その時代の社会と世相」……この3つを半世紀という期間で綴ってみた。

# 愛しのドラゴンズ！　―ファンとして歩んだ半世紀―　目次

# I　ドラゴンズタウンに生まれ育って

【1966～1975年】

## おらが町のドラゴンズ

1966～1971年

生まれ育った町に野球場があった。

中日スタヂアム（中日球場）という名前だった。そして、その中日球場を本拠地とするプロ野球の球団があった。それが中日ドラゴンズである。

私が住んでいたのは名古屋市中川区の八幡《やわた》という学区だったが、学区の最も北にあったのが中日スタヂアムである。「中日球場」と呼んでいた。私の家は決して隣接しているほどの近所ではなかったが、夕方、家の風呂に入っていると遠くから歓声が聞こえて来る。何かと思えば、中日球場の歓声。チャンスを迎えたり、得点したり、ピンチを抑えたり、ドラゴンズへの声援だった。そんな中日球場のどよめきを毎日聞きながら、私は育っていった。

中日ドラゴンズというチームを初めて意識したのは、１９６６年（昭和41年）、地元の名古屋市立八幡小学校に入学した後だった。野球帽といえば、店で売っているものはすべて

「ＹＧ」マークだった。読売ジャイアンツのマークである。王、長嶋という超スーパースターを擁する川上ジャイアンツは順調に連覇を重ねていた。コミックとテレビ、いずれでも『巨人の星』（原作：梶原一騎　作画：川崎のぼる）が我々小学生の間で圧倒的な人気を誇り、その他も『スポーツマン金太郎』（寺田ヒロオ）や『黒い秘密兵器』（原作：福本和也　作画：一峰大二）など、野球漫画の主役のチームはすべて読売ジャイアンツであった。

野球帽をかぶりたいものの、「ＹＧ」マークには抵抗があると子ども心に思っていたとき、ひとりの友人が「ＣＤ」マークのついた野球帽をかぶって学校に現れた。

「どうしたの？　そのマーク」

「中日だよ」

「そんな帽子、売っているの？」

「ワッペンだけを買って、付け替えてもらったんだ」

学区で学校の制服や体操服などを扱っている洋品店が、ドラゴンズの帽子ワッペンを売り出したのだ。すぐに買いに走り、買ってもらった野球帽の「ＹＧ」マークを外し、母親に頼んで「ＣＤ」マークを縫い付けてもらった。嬉しかった。これが中日ドラゴンズと私の、ある意味で直接的なふれあいの最初の一歩だった。

１９６８年（昭和43年）、小学3年生の頃だった。今度は、青空を思わせる明るいブルー生地に、ワッペンではなく「ＣＤ」マークが刺繍されている野球帽を学校にかぶってきた友人がいた。

「その帽子は何？」

「少年ドラゴンズに入ったんだ」

帽子のつばの裏には「少年ドラゴンズ会員」と書かれている。名古屋の中心地・中区にある中日ビルで受付をしているらしい。親に頼んですぐに入会した。会費は５００円。

特製の帽子、クッション座布団、イヤーブック（現ファンブック）、そして外野席（こども）12枚が特典として付いてきた。

私の学区は中日球場の地元だっただけに、選手とのふれあいも思わぬ場所で訪れていた。

たとえば、球場近くの銭湯である。

「きのう銭湯に行ったら、渋谷が来ていてさあ」

これも小学校のクラスでの友人の話である。

渋谷とは当時の背番号「17」番、ユニークな「ミラクル投法」で知られた渋谷幸春投手のことである。今でこそナゴヤドームには立派なシャワールームがあるけれど、当時の中日球場にそんな施設はない。選手たちもゲームが終わると、球場近くの銭湯に汗を流しに来ていた。そして、我々子どもたちも、そして大人たちも、それを普通の風景として受け止め、選手も受け入れていた。きっと銭湯では選手と地元の人々によって、その日のゲームについて、感想とか叱咤とか激励とか、様々な会話が日常的になされていたに違いない。裸同士の野球談義である。

また、かつての中日球場は勝っていようが負けていようが、接戦であろうが大差であろうが、7回になると外野席が〝無料開放〟された。その頃を狙って、学区の大人も子どもも球場へ急ぎ、ドラゴンズに声援を送った。中日ドラゴンズは「おらが球団、おらがチーム」であった。

ドラゴンズは、監督が西沢道夫から2度目の監督だった杉下茂を経て、1969年（昭和44年）、宿敵ジャイアンツを率いていたがドラゴンズに移ってきた水原茂に代わる。そして、星野仙一投手や谷沢健一選手ら数年後にドラゴンズ優勝の原動力になる新人たちが入団してきていた。

そんななか、エース小川健太郎投手が球界を震撼させた〝黒い霧事件〟で、オートレースにからむ八百長によって逮捕され、ユニホームを脱ぐ。背中からボールを投げる〝背面投げ〟によって、ジャイアンツの王や長嶋を手玉に取ってきた背番号「13」番が球団を去ることになったとき、親からその理由を聞かされた。「八百長」という言葉を初めて知ったのも、そんな小学5年生のときだった。「八百長＝悪」……子ども心に鮮烈に焼きつけられた出来事だった。２０１５年（平成27年）にも野球賭博によってジャイアンツの選手が処分を受けたが、私たち野球少年たちには当時ショッキングなニュースであった。

１９７０年（昭和45年）、大阪では「人類の進歩と調和」をテーマとした日本万国博覧会が開催されていた。日本中が半年間の祭りに沸き、学校でも友人同士でパビリオンの名前を覚え合ったり、写真やスタンプを集めたり、戦後復興の象徴だった祭典に酔っていた。ドラゴンズはこの年5位、3年連続のBクラスと低迷した。しかし、私にとってドラゴンズへの熱だけは万博に負けず、冷めることはなく、ますます燃え盛っていった。

1974年

## 20年ぶりの歓喜に沸く

ドラゴンズファンとして、この日のことは一生忘れないと断言できる。

1974年（昭和49年）10月12日土曜日。その夜、中日球場では、ドラゴンズ与那嶺要監督が胴上げによって宙に舞った。球場にいたファンも、私のようにテレビの前にいたファンも歓喜に沸いた。中日ドラゴンズ20年ぶりのセントラル・リーグ優勝である。それも……常勝・読売ジャイアンツの10連覇を阻止しての優勝だから、その価値は本当に高いといえる。

与那嶺監督の3年目を迎えていた。圧倒的な強さを誇ってきた川上哲治監督率いるジャイアンツも、前年はタイガースをギリギリでかわしての際どい優勝で、その力にも翳《かげ》りが見られてきていた。一方、わがドラゴンズは、新外国人のトーマス・マーチン選手が4月にいきなり1試合3ホームランという花火を打ち上げるなど、「今年こそは」と期待が高まるシーズンだった。名古屋市立八幡中学校3年生だった私たちは、5月に東京・箱根コースに修学旅行に行ったが、帰路、東海道新幹線の車窓から見た中日球場で行われていたデーゲームに車内から声援を送った。もちろん届くはずはないが。

そんな熱い盛り上がりを見せていたシーズン。9月28日のジャイアンツ戦に勝ち、初めてのマジック12が点灯した。しかし、このマジックはその後も点いたり消えたりした。このとき、中学生なりに「マジックナンバーとは？」を理解することができた。20年ぶりの優勝へ産みの苦しみは続いた。

1ゲームでも負けると後楽園球場でジャイアンツとの決戦となる。王・長嶋を擁する宿敵は、こうした局面で無類の強さを発揮する。最終決戦にもつれこませてはいけない。その思いはファン以上に選手たちも持っていた。前夜10月11日金曜日、神宮球場でのヤクルトスワローズ戦を高木守道選手の同点ヒットとリリーフ星野仙一投手の力投でしのぎ、ドラゴンズは優勝マジック2として、地元・名古屋へ帰ってきた。そして大洋ホエールズとダブルヘッダーとなったのだ。当時はダブルヘッダーも多かった時代だ。この神宮での試合を引き分けたことは本当に大きかった。勉強机でラジオの実況中継を聴きながら、引き分けてマジックが減った瞬間、思わずガッツポーズを取った。

翌10月12日、くしくもこの日は、名古屋まつり。当時は学校が週休2日ではなく、土曜日も午前中半日は授業があったのだが、名古屋まつりの日だけは学校も全日お休み。私は当時、中学3年生で卓球部に所属していたが、普段は日曜日も練習をしていたクラブ活動も幸いお休み。このため、午後からのダブルヘッダーをしっかりテレビで観戦することができた。

第1試合は、マーチン、そして島谷金二のホームランと先発・松本幸行の快投によって9対2での圧勝。いよいよマジック1となった。

松本投手は、文字通り〝ちぎっては投げちぎっては投げ〟の小気味いいピッチング、ゲームの早さで知られていた。この年の5月18日は甲子園球場で阪神戦があり、NHKが20時から21時30分までテレビ中継を予定していたが、なんと放送開始まもない20時10分に松本の完封でゲームセットという驚く結末があったほどだった。大幅に時間が余ったNHKは緊急措置として、「刑事コロンボ」というアメリカのドラマを放送し、私も野球中継の流れで観たのだが、その面白さに魅了された。多くの視聴者も同じだったと思う。松本投手の快刀乱麻は、「刑事コロンボ」という超人気ドラマを世に送り出した一助となった。

そんな盛り上がりのなか、この優勝がかかった2連戦でドラゴンズファンとして心に引っかかったのは、ホエールズのレフトを守っていた江藤慎一選手のことだった。トレードでドラゴンズを離れたものの、かつてはドラゴンズの主砲。古巣が念願の優勝を手にしようとしているとき、相手チームの外野を守っていることをどう受け止めているのだろうか。そんな私の思いを知ってか知らずか、江藤は第1試合の9回表に2ランホームランを打ち、ドラゴンズファンの前で、強烈な存在感を示したのだった。

そして第2試合。ベンチの前では前夜リリーフだった背番号20番がウォーミングアップを始めた。中継アナウンサーが「おっ、星野でしょうか？　先発は」と興奮気味に紹介する。テレビの前で私は、いよいよ待ちに待ったリーグ優勝が近づきつつあることを感じていた。

第2試合は、終始ドラゴンズが押しまくった。2回には先発の星野仙一投手が、自ら二塁打を打って先制。2番に入った島谷選手が前のゲームに続きホームランを打てば、3番の井上弘昭選手が連続打者ホームランで続き、大洋ホエールズを圧倒した試合展開だった。

「ドラゴンズは今夜優勝する」と確信した私は、ラジカセを用意して、実況中継の同時録音を始めた。ＣＢＣラジオを選択した。解説はドラゴンズで監督もつとめた杉浦清さん、実況は後藤紀夫アナウンサー。しかしテープを回しっぱなしにするとカセットの本数も多く必要なことから、ドラゴンズの攻撃のみを録音していった。テレビで試合を見ながら、ラジオ中継を選択録音するというスリリングで興奮の時間を過ごした。このカセットテープは今も大切に手元に置いている。

そして……時刻は20時9分。山下大輔選手が打った3塁ライナーを島谷選手がジャンピングキャッチ。その瞬間、プレイボールからマウンドに立ち続けていた星野投手は帽子を叩きつけて喜ぶ。ホームから一直線に駆け寄った捕手の木俣達彦選手と抱き合う。さあ胴上げかという次の場面、中日球場の観客席からは次から次へとファンがグラウンドに降り、選手の輪をめがけて殺到した。大混乱である。与那嶺監督の胴上げは、選手によってなのか観客によってなのか、どちらにされているかわからない状況で行われた。

あちこちでファンと選手が抱き合う。4番打者マーチンがファンに帽子を奪われ、普段は隠したがっていた〝光る頭〟を晒している。まさに地元ファンにとっての「おらがドラゴンズ」が結実した夜だった。ラジオ中継では後藤アナウンサーと杉浦さんが、「おめでとうございます！」と言い合って喜んでいる。放送中である。名古屋の街は沸きに沸いた。

夜のスポーツニュースも翌日のスポーツ紙も、主役は「ドラゴンズ20年ぶりの優勝」かと思ったが、実はそうではなかった。ドラゴンズの優勝によって、10連覇の夢を絶たれたジャイアンツは、その夜、背番号3〝ミスタージャイアンツ〟長嶋茂雄選手の現役引退を発表したのだ。国民的英雄の引退は、スポーツニュースのトップになり、スポーツ紙の一面を飾った。ドラゴンズは20年ぶりにめぐりきた主役の座を奪われてしまったのである。もっとも中日スポーツだけは別である。「やった中日、一丸の優勝」という大見出しは、白黒紙面だった当時では珍しい赤い字であった。

その秋、名古屋の町には、CBCラジオ「ばつぐんジョッキー」パーソナリティ板東英二さんが歌う「燃えよドラゴンズ！」が流れ続けた。くしくも映画では、ブルース・リー主演の「燃えよドラゴン」が大人気、そんなこともあって、この応援歌のタイトルも多くのファンに親しまれた。今でもナゴヤドームで7回裏のドラゴンズ攻撃前にはこの歌が流れるが、歌詞は変更されている。もともとは……。

「虎（タイガース）を殺して優勝だ、鯨（ホエールズ）を食べて優勝だ、そして、にっくきジャイアンツ、息の根とめて優勝だ」

なんと過激な歌詞であろうか。しかし、この歌詞、特に「ジャイアンツの息の根とめて優勝」というところに、当時のドラゴンズファンの気概が象徴されていたと思う。

私自身にとっては、この歌の思い出とともに、1974年の優勝以上に嬉しい優勝は、今後も決してないと確信している。

## 真昼の決闘！　日本シリーズに大興奮

1974年

ドラゴンズが20年ぶりに出場する日本シリーズが始まった。

名古屋での優勝パレードの余韻も覚めやらぬなか、舞台は本拠地・中日球場である。当時、日本シリーズは、全試合デーゲームで行われた。相手はロッテ・オリオンズ。愛知県出身の４００勝投手・金田正一監督率いるパ・リーグの覇者だ。

中学３年生だった私たちは、正直言って、ほとんど授業どころではなかった。15歳で初めて経験する地元球団が出場する日本シリーズ。地元の名古屋で開催される日本シリーズ。歓声がかすかに聞こえてくるほどの校舎で学ぶ我々中学生。興奮するなと言う方が無理だ。

しかし、この当時、教室にテレビはない。もちろんあったとしても、さすがに授業中に日本シリーズを観戦させてくれるほど理解がある先生もいなかった。授業の合い間の休み時間に向かう先は……学校で唯一テレビがある場所、それは職員室だった。授業中は試合経過を知る術がない。放課（休み時間）を告げるチャイムが鳴るとともに、職員室へ向けて走る。友も走る。校舎は下駄箱が置かれた土間をはさんでつながっていたが、私の教室は2階、職員室は1階である。そして、職員室前の廊下に到着すると、すでに扉の前には山なりの人だかり。さすがに職員室は出入り自由とはいかないため、廊下からの観戦となる。扉だけだと覗き見する空間が足りないため、先生たちが廊下側の窓も開けてくださり、そこからも見ることができた。

第1戦の先発は、シーズンに20勝を挙げた左腕・松本幸行。相変わらず試合のテンポが早い。いくらゲームが早く進むといっても、わずか10分間の休み時間では観戦する時間も限られている。チャイムの音とともに、私たちは教室へ戻り、6時限目の授業を受けた。

すべての授業が終われば、思う存分にテレビ観戦できる。大急ぎで家に帰ると、ドラゴンズはロッテにリードを許していた。やはり20年ぶりの出場、シーズン激闘の疲れもあるのかと思った矢先の9回裏、竜のリードオフマン高木守道選手が、サヨナラ2ベースを打って、ドラゴンズは逆転勝ちをおさめたのだった。わずか3日前のペナントレース優勝の興奮が再び訪れたかのように、大騒ぎの中日球場、そして私。こんな試合を見せられると、明日からの授業は出席するべきかどうしようかと真剣に悩んだ。

そして、第2戦に教室へ持ち込んだのが少し大きめのトランジスタラジオとイヤホンだった。この時の私は、教室の正面に向かって一番右側の席。当時、教室の廊下側と後ろ側にも黒板があったが、その廊下側黒板のすぐ前の席だった。一人だけ、授業中に日本シリーズの実況中継を聞く罪悪感を少しでも和らげるため、そして興奮を共有するため、こっそりと黒板にスコアを書いてクラスの友人にゲームの途中経過を知らせていた。しかし、先生に見つかった……。

「きょうは負けているのか」と一言あっただけだった。

中日球場には、地元出身の姉妹歌手であるザ・ピーナッツの二人が観戦に訪れるなど、名古屋の街では竜の戦いが社会現象化していた。

その日本シリーズは、後楽園球場での第4戦で、ドラゴンズファンにとって最悪の展開を迎える。当時のロッテは宮城県仙台市の宮城球場を本拠地としていたが、日本シリーズを開催するには施設が対応できなかったという理由で、パ・リーグのホームゲームとして後楽園球場での開催だった。その東京での試合でも先頭打者ホームランを打つなど、チームのけん引役として大活躍だった高木守道選手が自打球を足に当てて、なんと左足首を骨折してしまったのである。全治3週間。当時の私の日記にも絶望感あふれる気持ちが綴られている。シリーズはこのゲームを延長戦の末に落として2勝2敗のタイ。高木選手欠場の第5戦を落とし、2勝3敗と負け越しで名古屋へ戻って来た。

ドラゴンズにとって20年ぶりとなった日本シリーズは、第6戦にロッテ金田監督が中日球場で宙に舞い、幕を閉じた。しかし、その第6戦、高木選手は痛み止めの注射を打ち骨折の痛みをおしてゲームに出場したのだった。負けたチームの選手に贈られる敢闘賞は当然、高木選手。シリーズ最優秀選手（MVP）のロッテ・弘田澄男選手以上に大きな拍手が送られたのは言うまでもない。

1954年（昭和29年）以来の日本一は夢と終わった。この日本一を達成するまで、さらに長い年月が必要となるのだが、やがてその夢をドラゴンズが実現するとき、この年に覇権を争ったロッテ・オリオンズとの因縁が、「三冠男」と呼ばれる一人の打者によって、再びよみがえることを、中学生の私は想像すらできなかったことは言うまでもない。

1975年

## V2めざす新応援歌

20年ぶりのペナントレース優勝から年が明け、ドラゴンズが球団史上初の連覇（合い言葉のように「V2」と呼んでいた）をめざす1975年（昭和50年）、私は高校生活をスタートした。

名古屋市東区にある愛知県立明和高等学校に入学したのだが、入学式の日がドラゴンズの開幕戦とあって、感慨もひとしおだった。しかし、その開幕戦は阪神タイガースに破れ、幸先のいいスタートとはいかなかった。私は中学1年生から毎日日記を書き続けていたが、高校に入ると、日記帳のスペースにその日のドラゴンズの成績と寸評を書き込むようになっていた。20年ぶりの優勝は、いよいよ〝ドラゴンズと歩む〟という気合いとなって、16歳の私に訪れていた。

そんな4月、中日スポーツと中部日本放送（CBC）のラジオが組んで、連覇をめざすドラゴンズのために、「燃えよドラゴンズ！」に続く新しい応援歌を作ることになった。球団OBでタレントの板東英二さんが月曜日にパーソナリティをしていたCBCラジオ「ばつぐんジョッキー」の企画であり、タイトルは「ガッツだ!!ドラゴンズ」と決まっていた。メロディもCBC社員によってすでに作曲されていて、曲に合わせた歌詞を一般から募集するというものだった。井上陽水とか小椋佳とか、当時人気のシンガーソングライターの影響で、私は折々に詩を書き綴っていた。ドラゴンズファンとして、これを見過ごすわけにはいかない。一種の使命感に燃えて、詞を書き上げて、ＣＢＣラジオに応募した。

それが次の歌詞である。

「ガッツだ!!ドラゴンズ」（北辻利寿：作詞）

風にペナントなびいてる
中日球場　輝いて
打ちまくる投げまくる
昇竜ドラゴンズ
僕もわたしも心はひとつ
ガッツでぶつかれドラゴンズ
ガッツでぶつかれドラゴンズ
行け行けわれらのドラゴンズ
苦しいときも　嬉しいときも
打て、みんなのドラゴンズ　僕らのドラゴンズ

勝利の女神がほほえんで
きょうも逆転　お家芸
ガッツプレイ　ファインプレイ
ファイトだドラゴンズ
みんなの願い　優勝に
ガッツでぶつかれドラゴンズ
ガッツでぶつかれドラゴンズ
行け行けわれらのドラゴンズ
血と汗流し　勝ち得た勝利
勝て、みんなのドラゴンズ　僕らのドラゴンズ

それなりに曲には合っているが、今あらためて読むと語彙が不足しているのか、同じ言葉のリフレイン、何とも幼い歌詞だと思う。しかし、高校生なりにＶ２を願う強い思いみたいなものは感じられるのではないだろうか。

応募作品のなかから当選した歌は板東さんがレコーディングして、毎週月曜日の「ばつぐんジョッキー」でくり返し紹介された。２番の歌詞からは次々と選手の名前が登場する。しかし、前年の「燃えよドラゴンズ！」の印象が強烈すぎたのか、大ヒットとはいかなかった。

それでもこの歌は、２０１４年（平成26年）シーズンまでナゴヤドームでも応援歌としてトランペットによって演奏されていたので、ご存知の方も多いだろう。ドームでこのメロディを聴く度に、私は高校１年生のときのことをなつかしく思い出す。

そして、作詞応募に落選した私は、もうひとつ、自分で応援歌を作った。選手の名前を網羅したもので、シンプルだが当時のチーム事情が描かれているように思う。

「ドラゴンズ讃歌～Ｖ２街道まっしぐら」（北辻利寿：作詞）

１．中日球場　きょうもまた
勝利の歌がひびいてる
竜は希望の大空へ　（※以下２行はくり返し）
Ｖ２街道まっしぐら

2. 職人高木が走る時
スマイル谷沢がエンドラン
（※）

3. ローンの見事な盗塁に
マーチンでっかい祝砲だ
（※）

4. ポパイ井上気力のヒット
島谷ガッツだホームラン
（※）

5. 流し屋木俣のタイムリー
スマート広瀬のファインプレイ
（※）

6. ミヤーン打法だ正岡だ
強肩井手も待っている
（※）

7. ここ一番に江藤君

クリーンヒットだ藤波君

8. 人気の大島一発長打
(※)
ねらえ飯田よホームラン

9. 新宅強気の投手リード
(※)
道産子谷木の全力疾走

10. ヤング田野倉走れ走れ
ルーキー神垣守れ守れ
(※)

11. ガッツな投球星野仙
のらくら松本スピードペース

12. 稲葉の宝刀落ちるカーブ
(※)
三沢スパッとスクリュー投法

（※）

13．さわやか鈴木のセーブ王

中継ぎ竹田のノーワインドアップ

（※）

14．変則フォームの佐藤君

今こそいくんだ星野秀

（※）

15．いつも明るい堂上君

期待のピッチャー金井君

（※）

16．ミットを構えた金山に

投げ込め投げ込め土屋に渋谷

（※）

17．一塁徳武ゆったりサイン

三塁森下バラエティプレイ

（※）

18・トレーニングは塚田さん
打撃教室井上さん
(※)
19・ブルペンまかせと高木の時さん
投手王国近藤さん
(※)
20・めがねの奥の目が光り
与那嶺采配するどく決まる
(※)

高校1年生の夏、8月28日の作品である。トレーニングコーチの名前まで登場する応援歌は珍しいのではないだろうか、などと胸を張るのも照れくさい、拙い詩である。

しかし、そんな熱い思いでドラゴンズのV2を待ち焦がれていた16歳の夏だった。

## 赤ヘル軍団との激闘

1975年

今ふり返っても、1975年（昭和50年）は「V2」という言葉とともに、熱く過ぎていった。

7月、沖縄では海洋博が開催され、くしくもその1か月前にその沖縄本土復帰の道筋を引いた佐藤栄作元首相が死去していた。海洋博が始まり世界の注目が沖縄に集まるなか、8月には日本赤軍がマレーシアの首都クアラルンプールでアメリカ大使館を占拠する国際的大事件も起き、海洋博とは違った意味で「日本」が注目された。ドラゴンズは初の連覇をめざして〝熱い〟夏を送っていた。

日記に毎日、ドラゴンズの試合のスコアと寸評を書くようになったことは先に紹介したが、もうひとつ、中日球場近くのわが家ではユニークなゲームが始まった。

「翌日の中日スポーツの見出し予想」である。

祖父母、父母、そして私と妹、親子3代が同居する一家だったが、このゲームには、両親と妹、そして私の4人が参加した。ドラゴンズの試合結果を見た上で、毎日宅配で購読している中日スポーツの大見出しや小見出しを予想しようというもので、1冊のノートにそれぞれが予想した見出しを記入した。正解者には１０００円の賞金が出て、そのスポンサーは両親だったことから、親が始めようと提案したのかもしれない。

このノートは実家の母親によって大切に保管されている。今読み返すと、たとえば、ドラゴンズが４対４で引き分けた試合……。

父「やったぜ大島君、土壇場の同点ホームラン」

母「中日　９回２死のお家芸」

私「強し！執念の竜　９回２死大島同点２ラン」

妹「さすが！一発長打の大島君」

そして正解は「男だ大島　同点2ラン」。こういうことを一家でやろうというところに昭和の時代を感じるが、今ふり返っても珍しい家族だと思う。それだけ、本拠地の球場近くに住み、ドラゴンズと一緒に生きてきたということだろうか。

当たりそうでなかなか当たらないなか、私はついに初めての「的中」を出した。接戦の末、ゲームを落とした見出し予想……今でも鮮明に覚えている。

「無念中日あと一歩」

最初で最後の1000円獲得だった。部分正解賞として300円もらったことはあったが……。

そんな燃えるファンの声援を背に、ドラゴンズはV2街道を突き進んでいった。度々首位に立ちながら、ペナントレースをリードした。しかし、その前に立ちはだかったのが球団初の優勝をめざす広島東洋カープだった。

シーズンスタート時のルーツ監督は早々に辞任、代わりに監督を引き受けた古葉竹識氏は「古葉マジック」と呼ばれる絶妙の采配を披露、この年のオールスターゲームで、山本浩二、衣笠祥雄という主力2人がホームランを競演し、赤いヘルメットとともに「赤ヘル軍団」という呼び名は一躍全国区になった。

広島は名古屋に負けない熱い町であり、熱いファンが多かった。ましてや悲願の初優勝がかかっている。そんななかで9月10日、広島市民球場では不幸な出来事が起きてしまった。ゲームは先発の星野仙一投手が自らホームランも打つなど活躍。5対4、ドラゴンズ1点リードの9回裏、2死2塁からヒットでランナー三村敏之選手がホームへ。しかし、新宅洋志捕手は猛然とタッチして判定はアウト。ドラゴンズ勝利でゲームセットとなった。

このクロスプレイで新宅捕手のタッチの仕方をめぐって三村選手が抗議したことをきっかけにカープファンがグラウンドになだれ込み、あろうことかドラゴンズの選手6人も暴行を受けたのである。広島県警の警察官がグラウンドに駆けつけたが、ファンの興奮は収まらなかった。高校生の私も怒り心頭だった。

当時の日記にはこう書いている。

「ドラゴンズ選手は殴る蹴る、酒や砂をかけられるなどひどい暴行を受け午後11時5分まで球場に閉じ込められる有様。怒りに震える中日ファン。いつか中日球場に広島が来た時はどうしてやろうかと思うが、悪いのは選手でなくファンだ。大切な名古屋の宝、ドラゴンズをよくも！」。

ちなみに中日スポーツの見出しは「広島ファン腹いせの暴行　星野仙一剣が峰で火の玉」。やはり中スポも怒っていたことが紙面からもうかがえた。

翌日のゲームは、警備上の安全が保障できないと中止になった。まさに前代未聞の出来事だった。

応援歌を募集するなど、ドラゴンズのＶ２を盛り上げていたのが、ＣＢＣラジオ「ばつぐんジョッキー」であり、月曜日の板東英二さんのドラゴンズ応援、木曜日の上岡龍太郎さんのタイガース応援のエール交換は番組の名物であった。タイミングがいいのか悪いのか、広島球場の暴行事件の翌日は木曜日にもかかわらず、板東さんがピンチヒッターをつとめていた。板東さんが何を語るか、ファンの怒りをどのように代弁してくれるか、授業のため生放送で聴くことができなかったため、ラジオ放送の録音を母に頼んだ。再びラジオカセットの出番であった。

この事件を境目に、広島カープは初優勝に突き進み、ドラゴンズは失速し始めた。わが愛すべきチームは、こうした局面には弱かったようだ。学校祭のために高校が代休だった10月14日火曜日、中日vs巨人戦がデーゲームで行われていた中日球場へ出かけた。最初、空いていた左中間の外野席に座ったが、周りのジャイアンツファンがうるさく、席をドラゴンズ応援団に近い方に移動した。当時の応援団はあまり組織だったものがなく、「中日狂団」と名乗った私設応援チームが頑張っていた。ストレートなヤジもツボにはまっていて、大いに楽しんだ思い出がある。

外野席で観戦しながらチラシをはさみで切り紙吹雪を作り、作りながらそれをまくというのも新鮮だった。日記を開くと、その紙吹雪が2枚はさんであるから、高校生の私はよほど興奮していたのだろう。ゲームは6対4でドラゴンズがジャイアンツを破って、カープの優勝に待ったをかけた。ジャイアンツはこの年、球団史上初の最下位となり、〃ミスタージャイアンツ〃長嶋茂雄さんは監督として屈辱のスタートとなった。

広島カープが初優勝を決めたのは、その翌日のことだった。夕暮れの後楽園球場で胴上げされる古葉監督の姿を見ながら、春からずっとくり返し続けてきた合い言葉「V2」が夢と終わった敗北感に打ちひしがれたのだった。

「中日が敗れた思いが名古屋の町を包み、お城のシャチも淋しそう」……名古屋城近くの高校に通っていた1年生の私はこう日記に綴り、V2の夢をあきらめたのだった。

# II 寝ても覚めてもドラゴンズ

【1976～1981年】

## 携帯ラジオと若竜のプリンス

1976年

携帯用トランジスタラジオを買ったのは、広島カープに破れてV2を逃した翌年1976年（昭和51年）だった。

高校2年生になっていた私は、ますますドラゴンズにのめりこんでいた。日記に毎日のスコアとゲーム寸評を書くことはもちろん、家族での中日スポーツ見出し予想も続けていた。自分の机にはラジオがあり、毎日ゲームの実況を聴きながら勉強していた。

当時は「浴室用防水ラジオ」などという便利なものはもちろんなく、机のラジオをビニール袋に入れて防水措置を施した上で、浴室に持ち込み、実況を聴きながら入浴した。ゲーム中は一瞬たりとも実況中継から離れたくなかった。ナゴヤ球場の試合のときはラジオより一瞬早く、窓の外から歓声などが浴室に届いていた。

このシーズンから、中日球場は、運営会社「中日スタヂアム」の倒産によって、ナゴヤ球場として生まれ変わっていた。

さらに小型の携帯用ラジオを買った理由は、修学旅行そして卓球部の夏合宿と、その年は家の外で宿泊する機会が多く、どうしてもラジオで実況を聴きたかったためである。通っていた明和高校の修学旅行では、6月に福島県の裏磐梯高原に三泊四日で出かけたが、一生懸命チューニングをしてドラゴンズのゲームをフォローしていた思い出がある。

修学旅行初日の6月9日、宿舎は桧原湖畔にある裏磐梯観光ホテル。大広間で全員揃っての夕食が18時20分から始まる。ほぼ同じ時刻にドラゴンズのプレイボールである。夕食の後は、女子の部屋へ行き、誰が持参したのか「ツイスターゲーム」をやる。床に広げたシートにはカラーの丸が印刷されており、ルーレット様のものを回して指定された色に両手両足を付いていくという〝体力派ゲーム〟である。ドラゴンズがリードされていたため、ラジオのスイッチも消してゲームを楽しんだ。21時半からはクラスミーティング。その部屋へ向かう途中……「その時、ラジオで『中日、マーチンの3ランで3対3の同点！』と中継が流れ、飛び上がる」と日記には書いてある。常にトランジスタラジオを持ち歩き、ナイター中継を聴いていた。

翌日。大浴場はクラスごとに順番に入るが、この日わがクラスは20時から入浴のローテーション。日記には「風呂へ向かうが、4対0で中日がヤクルトをリード」と書いてある。翌々日は3日目、打ち上げ前夜でもあり、全員が参加してのファイヤーストーム。さすがにこの場ではナイター中継を聴くわけにいかず、ドラゴンズについての記述はないが、日記の最終日分の朝のくだりに「中日が阪神に4対2で勝ったというニュースを手に入れ万歳！巨人は負け」とある。さらに名古屋への帰路、18時すぎには「新幹線がナゴヤ球場に差しかかる。いよいよ名古屋だ」と。一瞬たりとも、ドラゴンズを離れたくない高校生の自分の姿があった。

7月には卓球部の夏合宿があった。当時、男子は教室にゴザを敷き、その上に貸しふとんを敷いて寝た。風呂は学校近くの銭湯に行き、風呂上りに駄菓子屋でジュースを飲むのが苦しいトレーニングのなか、ささやかな楽しみだった。キャップの裏にクジがついていた「チェリオ」が人気だった。そしてラジオでナイターを聴いた。

合宿の3日目、7月23日、読売ジャイアンツの王貞治選手は700号ホームランを打った。ドラゴンズは阪神タイガースを6対2で破った。トレーニングのダッシュの合図用に持っていた笛を吹いて、卓球部メンバーで勝利の手拍子を打った。

このシーズンのドラゴンズは与那嶺体制の5年目。後楽園球場が人工芝に変わった年でもあるが、ドラゴンズはなぜか人工芝で勝つことができず、ジャイアンツに0勝12敗1

分けという成績だった。Ｖ２に向けて選手もファンも一丸となった1年前からは想像もつかない現状だった。

そんな苦しいシーズンだったが、チームにはプリンスが誕生した。田尾安志である。ドラフト会議でドラゴンズは、同志社大学のスラッガーだった田尾外野手を指名。背番号は２。甘いマスクと明るい笑顔にファンは男女問わず魅了されたものだ。シーズン当初こそ、1軍と2軍を往復していたものの、季節が夏に向かう頃にはレギュラーの座をつかみ、結果的に新人王を手に入れた。私は通学の定期入れに、新聞から切り抜いた田尾選手がヒットを打った瞬間写真を入れて持ち歩いていたほど好きだった。

田尾選手はその後、ドラゴンズの主軸に成長していく。１９８２年（昭和57年）には大洋の長崎啓二選手と首位打者を争い、優勝を決めた最終戦では5打席連続敬遠。最後の打席ではボール球を2回空振りして無言の抗議をしたことは、今も記憶に残っている。田尾選手はこの年から3年連続でセ・リーグの最多安打を記録するなど、チームに欠かせない選手になった。

しかし、１９８５年（昭和60年）1月、キャンプイン直前に、西武ライオンズへ電撃トレードされることになる。選手会長として球団に対し意見を言い続けたことが理由だとも報じられたが、私ばかりでなく多くのドラゴンズファンが心から愛していた選手だけに、名古屋の町には衝撃が走ったのだった。

その日は土曜日。午後の衝撃的なトレード発表に言葉もないショックを受けていた私に、阪神タイガース一筋の職場の先輩はこう言ったものだ……。

「江夏（豊）がトレードされたときのオレの気持ちがようやくわかるだろう」

プリンスは実にあっけなく私たち竜党の前から去ってしまった。その後、田尾選手は西武から阪神タイガースに移籍して現役を終える。ドラゴンズを出てからの成績は決して目立つものではなかった。そして２００５年（平成17年）には、新球団・東北楽天ゴールデンイーグルスの初代監督に就任するも、わずか1年で辞任した。

この田尾選手のトレードは、いよいよ80年を迎えた中日ドラゴンズ球団史では、１選手のトレードかもしれない。しかし、そこに我々〝ファンの思い〟という要素を加えたとき……それはとてつもなく大きな傷跡だと思っている。ドラゴンズファンとしてのわが歴史のなかで、最も悲しい出来事なのかもしれない。

## 思い出の助っ人・マーチンとデービス

1976～1977年

「マーチンが来ているよ！　サインもらって来てよ！」

名古屋市中区のピザ店「シェーキーズ」に遅れて到着した私に、すでに席についていた友人が興奮して話しかけてくる。高校2年、学年末の春休みが近づく土曜日の午後。名古屋の繁華街にあるこのピザ店では、ランチタイムに500円でピザ食べ放題サービスをやっていた。食べ盛りの高校生にとっては、貴重な〝昼食天国〟であり、クラブ活動が休みの土曜日などは、午前中の授業を終えてグループで押しかけていた。

しかし、当時の私はピザがあまり好きではなく、一人でチェーン店「寿がきや」でラーメンを食べてから、友人と話をする目的のためだけに「シェーキーズ」に合流したのだった。

友人の言葉通り、店の奥のテーブルには、中日ドラゴンズの4番、トーマス・マーチン選手が美しい夫人とともに座って、ピザを食べている。友人以上に興奮した私は、何の躊躇もなくノートを手にマーチン選手の席へ向かう。

なぜ友人が私に対してサインを頼んだかと言うと、ドラゴンズファンであることはもちろんなのだが、当時、友人の間で私は「英語が得意」と見られていたからだろう。英語の成績はまずまず良かったものの、決してトップクラスではなかった。要するに英語で外国人に話しかける度胸があったということだ。このときも、とにかく頭の中に浮かぶ英単語を、夢中で並べたてた。


「きょうはホークス(南海)と試合(オープン戦)なのではないですか?」

「去年あなたの家にサインをもらいに行ったのは僕の高校の友人です」

「僕はナゴヤ球場の近くに住んでいます」

そして、

「去年も中日球場へ10回応援に行きました。今年も行きます!」

すると、マーチン選手が
「マイチニネ(毎日ね)」

と日本語で答えてニッコリ微笑んでくれた。

嬉しかった。「燃えよドラゴンズ!」に「4番マーチン、ホームラン」と歌われている竜の4番バッターが自分と気さくに話をしてくれている。本当に性格のいい愛すべき助っ

人だった。友人の分を含めてバインダーノートのページにサインしてもらい、
「ホームラン王を期待しています！」
と、いかにも日本語を英語に直しやすいシンプルな励ましの言葉とともに握手して、興奮の出会いを締めくくった。大きな手のひらだった。

そんなマーチン選手だったが、1977年(昭和52年)、来日4年目のシーズンに入ると調子を落としてしまう。その理由ともいわれたのが、もうひとりドラゴンズに新たにやって来た、バリバリの大リーガー助っ人、ウィリー・デービス選手だった。

1936年(昭和11年)のバッキー・ハリス選手やドラゴンズの記念すべき球団創設1勝目をあげたハーバート・ノース投手、こうした選手以来、もちろんマーチン選手を含めて、過去にドラゴンズに加わった助っ人のなかでは、実績は文句なし。

しかし、そのキャラクターも強烈で、ユニークな言動など数々のエピソードが残っている。一方で、実力はすごかった。開幕戦は4月2日。中日の相手は巨人であり、王選手の満塁ホームランなどによって5対3で敗れた。開幕戦の敗戦にもかかわらず、日記の文章は興奮している。

「驚いたのはデービス。ものすごい。第1打席は強いレフトライナー、第2打席は文句なしのヒット。第3打席はポテンヒットを2塁打にした後、タッチアップでホームイン。『ウォー！』と吼えながら、ホームへすごいスライディング。恐ろしい選手だ。オープン戦と大違いだ」

そして忘れもしない1977年（昭和52年）5月14日土曜日、宿敵ジャイアンツをナゴヤ球場に迎えてのナイターだった。テレビ中継はNHK。ドラゴンズ1点リードで迎えた7回裏、二死満塁でバッターボックスには2番センターのデービス選手。マウンドには後にジャイアンツのエースとなり、さらにドラゴンズの一員にもなった若き西本聖投手。2ストライクノーボールから放った打球はライナーでライトフェンスを直撃。カメラは二宮右翼手がボールを取ろうとして転んでいるシーンを映し、再び画面がダイヤモンドに切り替わった瞬間……目を疑った。すでにデービス選手は3塁ベースを回って、本塁ベースに向かっている。その歩幅のすごいことすごいこと。記録VTRから歩数を計測してみると、三塁からホームベースまでの塁間27・4メートルをわずか12歩で走ったのだった。

ホームに駆け込んだデービスは、迎えた選手に思いっきりハイタッチ、そして帰ったベンチ前で、マウンドの西本投手に対して拳を突きつけて咆哮したのだった。その興奮のなか、テレビの前の私は、実は満塁だったことにあらためて気づいた。そう、ランニング本塁打でも珍しいのに、これはランニング満塁本塁打だったのである。

翌日の中日スポーツの大見出し、それは今なお忘れもしないフレーズ「風か魔かデービス」だった。


しかし、そんなデービス選手だったが、8月に守備の際にフェンスにぶつかり左手首を骨折。結局、このシーズンだけで退団してしまった。

実はそれまで、大リーガー・デービス選手の〝毒気にあてられ〟続けていたのか、不調だったマーチン選手が、再び調子を取り戻し8月から打ち始めたのは、何とも皮肉な現象だった。

わずか1年だったが、デービス選手の成績は、72試合、打率3割6厘、25本塁打、63打点。すばらしい成績だった。


放送の仕事に就いた後、１９８４年（昭和59年）10月、夕方のニュース番組「ＣＢＣニュースワイド」10周年記念特集で「ドラゴンズ選手は今」という特集を担当した。その際、ドラゴンズ球団から連絡先を聞いて、アイダホ州で農場を営むマーチン選手に電話インタビューする機会を得た。

突然の電話にもかかわらず、マーチン選手は快く取材に応じてくれて、メキシコで1年野球をやったが今は穀物を売っていること、そして山内一弘監督の下でドラゴンズが首位を走っていると聞いたこと、そんな話をしてくれた。

実は現在ドラゴンズは首位ではなく、広島カープが優勝しそうだと告げると、いきなり日本語で「……ホントデスカ?」。

そして、再び英語で、「ドラゴンズに伝えてよ、いつでも〝助っ人〟に駆けつけるよ」と話してくれた。変わらないその人柄に、私は高校時代のピザ店での〝最初のインタビュー〟をなつかしく思い出していた。

トーマス・マーチンとウィリー・デービス。私にとって、ドラゴンズ史上で忘れられない2人の外国人選手である。

## ドラフト会議クラス特派員

1977年

プロ野球には「ドラフト会議」という制度がある。正式名称は「新人選手選択会議」と言い、1965年（昭和40年）に第1回会議が開催された。

各球団がルールに沿って、入団させたい選手を会議によって指名していくもので、球団への好き嫌いや、人気度、企業力などによって、実力が偏らないよう始められたものである。

私の高校時代、ドラフト制度は実にシンプルなもので、12球団がくじによって指名順を決め、それに沿って、選択希望選手を指名していく方式だった。だから、まず中日ドラゴンズが何番目の指名権を得るか、そして他球団が先に誰を指名して、ドラゴンズは自分の番に誰を指名するのか、それだけを気にしていた。

私はこのドラフト会議が大好きだった。だから、この日は朝からソワソワして、授業どころではなかった。

現在のように、ドラフト会場からのテレビ生中継があるわけでもなく、インターネットでの速報があるわけでもない。ではどうやって、ドラゴンズの指名情報を得るかと考えた末、私が選んだのは、ドラゴンズの球団事務所へ直接電話することだった。

高校生がいきなり電話をしてきて、指名順や誰を指名したかを尋ねるのだから、球団の職員の方も戸惑ったことと思う。最初の年は見事に成功した。

通っていた高校の校内には公衆電話がひとつしかなかったが、正面玄関の事務室脇に置かれたその赤電話から、情報を得た。

1975年（昭和50年）ドラフト会議での田尾安志選手（同志社大学）の指名は、球団事務所から聞き出してクラスのドラゴンズファンにいち早くそれを教えて、皆で盛り上がった。

しかし、さすがに球団事務所も相手をしていられなくなったのか、翌年になると「忙しいから答えられない」と対応してもらえなくなった。高校生とはいえ、私はこれであきらめるほどヤワなドラゴンズファンではなかった。筋金入りである。

ならば、と次に思いついたのが、名古屋市中村区向島にあったドラゴンズの合宿所だった。ここなら情報も入っているだろうと推測して、公衆電話からかけると、予想は的中。1976年（昭和51年）の都裕次郎投手（滋賀・堅田高校）の指名は、合宿所にいて電話を受けてくださった〝男性〟から教えられた。その男性が寮長か職員の方か選手か、誰かはわからないが、ファンとしてはありがたい対応だった。

高校3年生の1977年（昭和52年）に迎えたドラフト会議は、単にドラゴンズが誰を指名するかどうかということだけではなく、もうひとつ大きな注目すべきことがあった。江川卓投手の行方である。

作新学院高校時代から「怪物くん」と呼ばれ、東京六大学の法政大学では47勝を挙げたドラフトの超目玉は、読売ジャイアンツ入りを熱望していた。指名順の1位を引き当てたのはクラウンライターライオンズ（現西武）、ジャイアンツは2位だった。「巨人以外は行かない」と明言していた江川を、クラウンライターが果敢に指名するのか？　全国の注目が集まったドラフト会議だった。そして、あろうことかドラゴンズは指名順最下位の12位。12番目の希望選手しか獲れないということだ。

私は前年に続き、ドラゴンズの合宿所に電話する。その年も電話に出た〝男性〟は、高校生ファンの電話に対して、親切に応対してくれた。12球団の指名順を教えてもらい、ドラゴンズの指名順12位に大きなショックを受けた。12番目である。しかし、それにもめげず、結果をいったん教室へ持ち帰る。クラスの友人たちが待っている。

しばらく時間をおき、いよいよ誰を指名したのかを再度、合宿所に問い合わせて、まずクラウンライターが江川投手を指名したことを知った。続いて、指名順2位の読売ジャイアンツは早稲田大学の捕手・山倉和博を指名した。名古屋出身の素晴らしいキャッチャーであり、ドラゴンズも欲しい選手だった……。

ショックだったのは、指名順4位の阪神タイガースが、三協精機の伊藤弘利投手を獲得したことだ。伊藤はかつて1972年(昭和47年)にドラゴンズが指名したが入団せず、しかし、この年のドラフトではドラゴンズ入団を熱望していたからだ。

ドラゴンズの前の指名順11位、ロッテ・オリオンズは、法政大学で江川とバッテリーを組んでいた袴田英利捕手を指名した。そしてドラゴンズは……過去ドラフトで3度指名されながらも入団を拒否してきた社会人野球・日鉱佐賀関の藤沢公也投手を指名した。パームボールを投げる即戦力投手だ。

2位指名、今度は折り返してドラゴンズから指名ができる。すなわち、12番目に続き13番目に選手を指名できるのである。ここでドラゴンズは、北陸は星陵高校の剛球投手・小松辰雄を指名した。自分と同じ高校3年生でもある。ドラフト1位でも十分通用する実力を持った投手だけに、藤沢投手が入団すればラッキー、入団しなくても小松投手が1位と同格として入団するという賭けに出たのでは?と高校生なりに解釈した。

以上の指名結果を取材して教室へ戻り、皆に知らせるため黒板……それも教室うしろの黒板ではなく、正面にある教壇の黒板の右5分の1ほどのスペースに書いていたら、授業の開始時間になり、世界史の先生が教室へ。

黒板に向かっている私に「どうしましたか?」と尋ねる先生。正直に事情を説明し、「クラウンが江川投手を指名し去就が注目される事態」と告げると、「それは気になることだ」と先生。そのまま教室の黒板に12球団の1位指名選手を書き続けるよう勧めてくださった。

江川投手をめぐるドラフト騒動は、日本史のなかに「スポーツ史」のひとコマとして加えられないことはないと思うが、さすがに世界史というスケールではない。しかし、それを授業中に許可してくださるとは……。「自主自立」「自由な校風」をモットーとする我が母校・明和高校は今ふり返っても、ユニークな高校だった。ちなみに、その世界史の先生が巨人ファンであることを知ったのは、ずいぶん後のことだった。

江川投手は記者会見で「最後は自分の意思で決める」と宣言する一方、後見人である船田中・元衆議院議長と相談すると明かした。夜になって船田議員の秘書が「明後日、江川父子と話をする。クラウンに行かなければ母校・作新学院で監督をしてもいいし、アメリカ大リーグへ野球留学してもいい」と入団に消極的なニュアンスを匂わせた。

ここに政治家が出てきたことは、プロ野球を愛する高校生にとっても何とも腹立たしいことだった。その一方、阪神に指名された伊藤投手が「阪神には悪いが、好きな中日しか頭になかった」と語った言葉に留飲を下げた思いだった。

その年のドラフト、結果、江川は浪人、伊藤は阪神に入団、藤沢は社会人残留、そして小松は実質的な1位としてドラゴンズに入団した。

江川投手をめぐるドラフト騒動は翌年、単なるスポーツ史の枠に留まらないほどの局面を迎える……。そしてこの年のシーズンを最後に、20年ぶりの優勝でファンを狂喜させてくれた与那嶺要監督はユニフォームを脱ぎ、後任に10年ぶりの生え抜き監督である中利夫氏が就任した。

与那嶺監督の最後のゲームは秋も深まりつつあった10月18日。大洋ホエールズとのダブルヘッダー第2戦だった。わが日記には、星野仙一や高木守道ら選手たちが申し出て、1974年（昭和49年）の優勝メンバーが守備についた、と書かれている。与那嶺監督への選手からの〝お別れセレモニー〟だった。ドラゴンズは本当に素晴らしいチームだと感激した。

## 波乱のドラフト会議を卒論ネタに！

1978年

前年のドラフト会議でクラウンライターライオンズに1位指名されながらも入団を拒否した江川卓投手が法政大学を卒業した１９７８年（昭和53年）春。私は高校を卒業して、大学生になった。江川が通っていた法政大学など東京六大学の規模とは比べものにならない小さなキャンパスの大学である愛知県立大学、その外国語学部でフランス語を専攻した。全国の国公立大学で狭さは３番目という大学だった。

その年、中日ドラゴンズには、高木守道選手との１・２番コンビで知られた名外野手・中利夫さんが10年ぶりの生え抜き新監督に就任して、新しい体制がスタートした。

そんな春……江川投手は、母校である作新学院の職員という身分で、アメリカへ野球留学した。社会人になると2年間はプロ入りができないため、すぐ次の秋に、入団を切望していた読売ジャイアンツのドラフト指名を受けるための〝緊急避難〟措置だった。

江川投手は、前年に続いてその秋のドラフト会議でも主役となったが、それは「空白の一日」というキーワードとともに「江川事件」として語り継がれるドラフト会議となった。

そして、大学生になったドラゴンズファンの私にも、後に別の意味で色濃く関わってくる騒動となった。

江川投手を指名したクラウンライターは業績不振などから、球団を手放す決断をして、この年の10月12日、ライオンズは西武グループに身売りされた。その後、黄金時代を築く西武ライオンズの誕生である。

ドラフト会議2日前の11月20日に西武ライオンズは、交渉権を持つ江川投手と入団交渉をしたが、江川側は拒否。この日をもって、ライオンズの交渉権は消滅した。

そしてその翌日、「空白の一日」が訪れた。読売ジャイアンツが江川投手と入団契約を結んだのである。そもそもこの一日は、前年の交渉権を持つ球団が指名選手との距離が遠くてもギリギリまで交渉できるようにとの、いわば便宜上の配慮として設けられていたものなのだが、読売はそれを「自由な一日」と解釈したのだった。これについて、セ・リーグ会長がこの契約は認められないとの見解を示すと、翌日のドラフト会議をボイコットするという強行手段に出たのであった。

22日のドラフト会議は読売を除く11球団で行われ、江川投手を4球団が指名し、抽選の結果、阪神タイガースが指名権を獲得……という流れは、周知の事実である。

結果、江川投手はタイガース入団を拒否し、ジャイアンツはプロ野球からの脱退を匂わせた。それを収めるために金子鋭コミッショナーは、「江川投手がいったん阪神に入団した上で巨人へトレード」との〝強い要望〟という収拾案を提案して、阪神・江川投手と巨人・小林繁投手のトレードへと進んでいった。

さすがに〝球界の盟主〟と呼ばれるだけに、読売ジャイアンツのやることとは違う……と大学生の私は呆れていた。それは怒りを通り越してのことである。わが日記には「これで巨人からファンは離れるはず」と妙に冷静な感想を書いている。

その年のドラゴンズはドラフト1位で明治大学の投手・高橋三千丈を指名。さらに嬉しいことに、前年のドラフト1位で入団を保留してきた藤沢公也投手が入団を決意。ドラゴンズにはそのオフ、〝ドラフト1位〟選手が2人も入団することになった。江川騒動もさることながら、ドラゴンズファンとしてはその喜びの方が大きかった。

複数年にわたるドタバタ劇からプロ野球選手の道に進んだ江川投手の〝いばらの道〟は続く。入団2年目の1980年(昭和55年)は、16勝の最多勝と最多奪三振と好成績だったが、沢村賞を逃す。当時の沢村賞はプロ野球担当記者による投票だった。

そして翌１９８１年（昭和56年）は20勝6敗での最多勝をはじめ最多奪三振、最優秀防御率、最高勝率、最多完封と投手５冠を獲得し、シーズンＭＶＰにも選ばれたのだが、沢村賞には同僚の西本聖投手が投票で選出された。西本投手の成績は18勝12敗だった。担当記者たちが江川を〝敬遠〟したことは一目瞭然だった。

しかし、この沢村賞の連続落選が、思いもかけない展開を見せる。そして、これが私の卒業論文のテーマになっていくのだから、これも思いもかけない展開かもしれない。

「ドレフュス事件とジャーナリズム」……これが私の卒業論文のタイトルである。19世紀フランスで起きた事件で、ユダヤ人だったドレフュス大尉がスパイ容疑で逮捕される。そのきっかけは、反ユダヤ系の新聞が容疑を報じたためで、ドレフュス大尉は無実を訴えながらも、官位を剥奪された上で獄舎につながれる。そのドレフュス大尉の救済に乗り出したのが作家エミール・ゾラたちで、こちらも新聞を使って、無罪キャンペーンを張る。結果ドレフュス大尉は冤罪を晴らし無罪となるのだが、マスコミが幕を開けマスコミが幕を下ろしたこの事件を軸に、ジャーナリズムを考えようというのがテーマだった。

私がいちばん言いたかったことは、マスコミが世論をある方向に持っていこうとしても、現実はその方向に進まないことが多々あるということ。すなわち、「マスコミと世論」を考えた場合、マスコミの力には限界というものが存在し、それをマスコミの世界で生きる人間は謙虚に受け止めるべきだというのが、当時大学生の私の主張だった。

この卒業論文のなかで、私はかつての総理大臣・田中角栄を取り上げた。田中角栄元首相は当初、中学卒の学歴から宰相になったこともあり、「日本列島改造論」とともに、「今太閤」「コンピューター付きのブルドーザー」などとマスコミにもてはやされた。しかし、ロッキード事件が明るみに出る頃、これもマスコミによる報道によって疑惑が明らかになり、失墜した。マスコミが盛り上げ、マスコミが彼を舞台から引き下ろしたのだった。

そして、「江川騒動」である。私が注目したのは、江川投手が20勝の最多勝をはじめ投手5冠を獲得しながらも「沢村賞」に選出されなかったことにより、世論が思いもかけない方向へ動いたことだ。

「江川がかわいそうだ」。世論は動いた。巨人が日本一になった日本シリーズのマウンドに立っていた江川投手に、万雷の拍手が送られたのが、その象徴だった。江川投手を敬遠した当時のスポーツマスコミだったが、沢村賞回避という結果に、世論は逆に、江川に肩入れすることとなったのだった。

〜卒論「ドレフュス事件とジャーナリズム」より抜粋〜

ニュースは、社会的に大きな貢献をするのだが、その結果から見れば、ジャーナリズムが意図した効果と逆になっている場合も多々ある。このことをしっかりと把握しなければなるまい。

1981年、プロ野球界でも皮肉な現象が起きている、3年前の1978年、〃空白の一日〃という野球協約の盲点をついての巨人入団以来、ずっと〃ダーティ〃というイメージで見られてきた江川卓投手と、江川の陰に隠れながらもがんばってきた〃努力の人〃同じ巨人の西本聖投手が、その〃皮肉な現象〃の主役だった。

10月、シーズンを通して活躍した本格派投手に与えられる最高栄誉『沢村賞』が、大方の予想をくつがえして、西本に決定した。どんな江川嫌いの人間でも「沢村賞は江川」と信じていただけに意外であった。この賞は、新聞・放送などの報道機関の運動部長の投票によるもので、言うなれば、3年間の憎しみを捨てていないジャーナリズムが、江川を敬遠し、一生懸命努力してきた西本を引き立てた、というわけだ。

ところが、これによって、世論は思わぬ方向に動いた。「いくらなんでも江川がかわいそうだ」と次々に同情が江川に集まっていった。「忘れやすい」という世論の性質の上に、日本人特有の〝判官びいき〟である。日本シリーズなどでの、江川に対する絶大な拍手は記憶に新しい。入団以来、世論からも、そしてチームメートからも白い目で見られていた江川は、一躍、人気者となってしまった。ジャーナリズムによる江川糾弾が、まったく逆に作用し、江川を救ってしまったのである。

この卒業論文は105ページ。提出の基準は30ページだったから、とにかく書きまくった。卒業後の私は、夢がかなってマスコミの世界に進むことになる。母校にもフランス学科の指導教授にも申し訳ないが、学術論文というよりは、ジャーナリズムの世界に入る自分自身の決意表明みたいな文章だった。

江川投手をめぐる〝空白の一日〟で揺れた1978年（昭和53年）ドラフトだったが、複数の証言によると、巨人は東芝府中のスラッガー・落合博満選手の指名を予定していたようだ。しかしドラフト会議をボイコットしたため、落合選手を指名することはできず、ロッテ・オリオンズが3位で指名。その後の落合選手は三冠王を3度も取るという偉業を達成するのだが、人の運命というのは本当に紙一重だと思う。

ドラフト会議について書き綴ってきたが、締めくくりは何歳になっても、そしてどんなシチュエーションでも変わらない、私のドラフト会議好きのエピソードである。

１９８７年（昭和62年）11月18日、３日前に名古屋で結婚式を挙げた私は、新婚旅行でイタリアのローマにいた。サン・ピエトロ大聖堂をはじめ、古都ローマを楽しんだ後、ホテルの部屋に戻って私がまずしたことは、名古屋の実家に連絡して、その日行われたドラフト会議の結果を聞くことだった。

「ドラゴンズの１位はＰＬ学園の立浪（和義）。南海ホークスとの抽選で勝った」と母。

「長嶋一茂は巨人ではなくヤクルト」とも教えられた。

この日のローマの空はドラゴンズブルー、まさにドラゴンズ新時代の幕開けを祝福しているようだった。横にいた新婚の妻があきれ返っていたことは言うまでもない。

## パリの空の下から竜を思う

1980年

その夏、大学3年生だった私はパリにいた。

愛知県立大学外国語学部でフランス語を専攻していた私は、在学中に一度は本場の空気に触れたいと思っていた。それが実現したのが、親友3人とともにリュックを背に出かけたヨーロッパ40日間の旅であった。1980年(昭和55年)の夏だった。

私にとって大きな問題は、ドラゴンズの情報が基本的に40日間入らない恐れがあることだった。高校2年のときは、修学旅行そして卓球部の合宿と、それぞれ三泊四日だったが、ドラゴンズ中継を聴くために携帯用トランジスタラジオを買った。

しかし、このヨーロッパの旅で、ラジオ中継は諦めざるをえない。衛星放送もない。日本の新聞衛星版もない。インターネットもない。生まれてから最も長くドラゴンズと〝離れる〟日々となった。

そんな大学生の熱い思いとは裏腹に、当のドラゴンズはその年、日本を離れても後ろ髪など引かれないほどの低迷したシーズンを送っていた。3年目を迎えた中利夫監督だが、開幕から6連敗。そのままチームは浮上できなかった。

２ケタ投手は一人も出ず、サブマリン三沢淳の８勝が最高で、エース星野仙一は６勝に留まった。前の年に新人王だったパームボールの藤沢公也投手にいたっては開幕９連敗と、いわゆる〝2年目のジンクス〟に押し流された。主軸の宇野勝や大島康徳もケガなどでシーズン通しての活躍はできず、これでは勝てるはずがない。

最下位とはいえ、ドラゴンズの成績を気にしながら旅立ったヨーロッパ。我々４人は一緒に動くこともあれば、別々に動くこともあった。ユーレイルパスという鉄道乗り放題パスを使い、イギリスから始まり、スイス、イタリア、オーストリアなどを旅したが、その中心はフランスだった。

特に私はパリをゆっくり味わいたかったので、８月７日、ひと足早めにひとりでパリ入りした。リヨンからの列車がオステルリッツ駅に着いて、真っ先に行きたい場所が２つあった。

ひとつは昼食のための「大阪屋らーめん亭」。とにかく日本食、ラーメンが食べたくて仕方なかった。当時はパリにもまだまだ日本食レストランは決して多いとは言えなかったが、ルーブル美術館近くのこの店は有名だった。

そして真っ先に行きたい場所のもうひとつ。それはＰＴＴ（郵便局）だった。この時点で旅も４分の３ほど終わっていた。日本へ電話して……ドラゴンズの成績が知りたい。せめて最下位から５位に上がってくれただろうか。郵便局からは、国際電話ができ、それもオペレーターに申し込むと、「ＰＣＶ」と呼ばれるコレクトコール（料金着払い電話）ができる。大学生の貧乏旅行に国際電話をする金銭的余裕はなく、実家に甘えさせてもらうことにした。

「ドラゴンズはどうなった？」

「最下位」

母の声は無常に響く。なんと、７月後半のオールスターゲーム後、まだ１勝しかあげていないという。その受話器を奪ったのが祖父だった。

「そんなこと気にせずに、あり金全部使って来い！」

何とも豪快な笑い声だったが、ドラゴンズファンとしては笑える心境ではなかった。

このほか、つい数日前に通り過ぎたイタリアのボローニャ中央駅でテロによる爆発があり85人が死亡、日本の大学生１名も犠牲になったこと。人気グループのシャネルズ、その一部メンバーが未成年に対するわいせつ行為で書類送検されたこと。こんなニュースを久しぶりの日本への電話で入手した。
8月19日に帰国。日本への機内で読んだ8月18日付けの新聞は、やはりドラゴンズの最下位独走を告げていた。

結果的に、1980年のドラゴンズは45勝76敗9分、勝率は球団史上最低の3割7分2厘で12年ぶりの最下位だった。中監督は3期で退任、そして、ドラゴンズを引っ張ってきた高木守道選手もシーズン限りでユニホームを脱いだ。竜にとってはそんな淋しいシーズンだった。

たったひとつだけ嬉しいニュースは、谷沢健一選手が2度目の首位打者を取ったことだろう。アキレス腱の痛みを独特の日本酒マッサージ療法で克服した谷沢は、これも独特の足の負担を軽減する特注スパイクをはいて復活。3割6分9厘の堂々たる成績で、ヤクルト若松勉選手との争いを制してタイトルを獲得した。

今ふり返ってもこの1980年は、日本の歴史にとっても実に多くのニュースがあったと思う。プロ野球界では、ドラゴンズだけでなく読売ジャイアンツも大きく揺れた。

1975年（昭和50年）から6シーズン指揮を執ってきた長嶋茂雄監督が3位というAクラスにもかかわらず辞任。そして世界のホームラン王である王貞治選手も22年間の現役に別れを告げた。生涯ホームランは868本だった。中日と巨人、それぞれ背番号「1」がユニホームを脱いだ年となった。

政治では、初めての衆参同日選挙が行われたのもこの年だ。権力抗争のなか、自民党は分裂し、5月には大平内閣の不信任案が自民党反主流派欠席の状態で可決され、6月に総選挙が行われた。ところが、その選挙戦の最中に大平正芳総理大臣が急死したのだ。結果「弔い合戦」の旗を掲げた自民党は、衆参どちらでも圧勝。鈴木善幸内閣が誕生する。

国際政治では、ソ連のアフガン侵攻に抗議したアメリカが、夏のモスクワオリンピックをボイコット。日本も追随して不参加を表明した。特に金メダルが確実視されていた柔道の山下泰裕選手のくやし涙は忘れられない。

イタリアのテロ事件だけでなく、日本国内でも、新宿駅西口でバスが放火され6人が死亡する惨事が起きた。この8月19日は、ちょうど40日間の旅を終え、帰国した当日のことだった。凶事といえば、ビートルズのジョン・レノンがニューヨークで凶弾に倒れたのも、この年の12月だった。

そして、芸能界では、松田聖子と田原俊彦がデビュー。新たなアイドルたちが続々と登場した年でもあった。特に田原俊彦は、テレビドラマ「3年B組金八先生」の生徒役でデビュー、「たのきんトリオ」のひとりとして人気急上昇中だった。ヨーロッパへ出発する前日の7月10日木曜日、人気歌番組「ザ・ベストテン」の第10位にはデビュー曲「哀愁でいと」が初めてランクイン。踊りのキレはあるものの歌は決して上手いといえず、旅行中にランク外かと思いきや、40日の旅を終えた2日後の木曜日、「ザ・ベストテン」の1位はなんと「哀愁でいと」だった。

最下位から出直すドラゴンズ。その指揮をまかされたのは、1974年（昭和49年）20年ぶりのリーグ優勝で、ヘッド兼投手コーチとして与那嶺要監督を支えた近藤貞雄さんだった。

# Ⅲ　ニュースの世界に入ったファン

【1982～1985年】

## 野武士野球に狂喜乱舞

大学を卒業して就職したのは地元の放送局・中部日本放送（ＣＢＣ）だった。テレビ、そしてラジオとともにドラゴンズ戦の中継を担当する〝ドラゴンズ応援放送局〟であり、ナゴヤ球場でホームランを打つとバックスクリーンに大きく「ホームラン」という文字とともに「ＣＢＣテレビ」というネオンサインが浮かぶ。そして、かつて歌詞を応募した「ガッツだ!!ドラゴンズ」の企画を進めた局でもある。ジャーナリズムの世界に飛び込みたいという小さい頃からの夢がかなったと同時に、中日ドラゴンズに大きく一歩近づいたファンとしての、純な喜びにも浸った１９８２年（昭和57年）だった。

２年目を迎えた近藤貞雄ドラゴンズは「野武士野球」をスローガンに戦っていた。前の年、新監督１年目は５位と決していい成績ではなかったが、後楽園球場で勃発した宇野勝内野手がボールを取り損ねて頭に当てるという有名な〝ヘディング事件〟はじめ、何だかワクワクさせられる試合ぶりだった。投手もエース小松辰雄が剛球を武器にチームを引っ張った。

1982年

前年の１９８１年（昭和56年）９月21日、私はその前年から続いていた巨人の連続試合得点を１７４試合で止めた小松投手の見事なピッチングをナゴヤ球場の観客席で見守った。その入場チケットはもちろん日記にはさんで保存してある。

（本当ならば、巨人の連続試合得点をストップしたのは星野仙一投手だったかもしれない。その試合は、宇野勝内野手がショートフライの打球を取り損ね頭に当てるという有名な〝ヘディング事件〟があったゲーム。あの試合、星野投手は気合の入った良きピッチングをしていたため、あれさえなければ１５８試合で記録は止まっていたかもしれないと今でも思う）

ＣＢＣに入社後、5月には念願かなって報道局テレビニュース部に配属された。新人は土日勤務からスタートする。そして1年目はカメラマンだった。テレビ報道に携わるものは映像を理解できなければダメ、という部の方針だった。カメラマンとして勤務していた5月23日の日曜日。ドラゴンズは仙台で大洋ホエールズ（現横浜ＤｅＮＡベイスターズ）と対戦していた。９対6でドラゴンズ3点リード、９回2死走者なし。

当時は我々テレビニュース部の横にスポーツ部があり、試合速報は逐一入っていた。勝利を確信した私だったが、抑えの鈴木孝政投手が打たれ始め、最後は長崎啓二選手にサヨナラ逆転満塁ホームランをあびるというとんでもない結末。この試合を境に今シーズンもダメだろうと悲観したが、その不安もまた破られることになる。野武士野球はそんなにひ弱ではなかった。

それまでの戦力に加え、まずキャッチャーの中尾孝義。社会人のプリンスホテルから入団した彼は、それまでの捕手のイメージを一新するような華奢な身体でスピード感あふれるプレイをして、木俣達彦から正捕手の座を奪った。また地元出身で投手から外野手にコンバートされた平野謙は、俊足と好守備を生かしてこれもレギュラーを奪取、この年に年間の犠打記録を更新してしまう大活躍だった。印象に残るオーダーは、

1. 田尾安志　ライト
2. 平野　謙　センター
3. ケン・モッカ　サード
4. 谷沢健一　ファースト
5、大島康徳　レフト
6. 宇野　勝　ショート
7. 中尾孝義　キャッチャー

8．上川誠二　　　　セカンド

30年以上たった現在、この顔ぶれを見ると、やはり「スゴいなあ」と思う。「野武士野球」の選手（武士？）たちは魅力的だった。投手も16勝あげた都裕次郎を筆頭に、鈴木孝政、郭源治、三沢淳、小松辰雄らがローテーションを守り、牛島和彦がリリーフとして大活躍だった。

秋が深まりつつあった9月28日、ナゴヤ球場での巨人戦。この試合はファンの間で語り継がれる名試合である。もちろんドラゴンズファンにとってのことだが……。

この日、私は宿直勤務だった。当時、ＣＢＣ報道の宿直は、デスクが本社、若手が愛知県警記者クラブと分かれての2人体制だった。何か事件事故があれば、県警に泊まっている若手の方が原稿を書き、取材カメラを持って現場取材もする。

入社1年目の私は記者クラブのＣＢＣボックス（部屋）でナイター中継を見ていた。先発は江川卓投手。ジャイアンツが序盤から大幅リード。そんなときに、新幹線の線路で男性が飛び降りる騒ぎが起きて、現場取材に向かった。当時の日記には「巨人に大量リードされ悔いなく現場へ」と不謹慎なことが書かれている。

取材を終えて、本社にテープを届けると、巨人が4点リードの9回裏、すごいことが起き始めた。東京六大学時代から「江川キラー」と呼ばれてきた明治大学出身・豊田誠佑選手のヒットで逆転劇の幕は開いた。谷沢、モッカの連続ヒットでノーアウト満塁になり、大島、宇野、中尾が続く。なんと6対6の同点になったのである。県警記者クラブに戻ろうとしたら、デスクに「お前がここにいると縁起がいい。このまま本社でラジオ中継を聴いていろ」と引き止められた。そして、延長10回、江川をマウンドから引きおろし、続く角投手から、大島がサヨナラヒット。ドラゴンズに逆マジック「12」が点灯したのだった。

これを契機に、野武士軍団は一気にペナントレースを走る。そして10月18日。マジック1となったドラゴンズはシーズン最終戦となる130試合目を横浜球場で迎えた。この日も私は愛知県警記者クラブで宿直だった。

ここまで6週連続で、宿直の日にドラゴンズが勝っていた。そのジンクスを信じて、宿直勤務に入ったが、内心、「もし事件事故で取材に出ることになったら、胴上げを見ることができないのでは」とハラハラしていた。しかし神様は、そんなドラゴンズファンの願いを聞き届けてくださり、出動のない平和な夜だった。私はひとり、記者クラブの部屋で近藤監督の胴上げを見守った。優勝した後、一緒に宿直していた県警広報担当が、お祝いを言いに来てくれた。私のドラゴンズ好きは、愛知県警本部内でもすっかり有名だった。

この試合は優勝とともに、首位打者争いがかかっていた。打率1位は横浜の長崎啓二選手。シーズンはじめに仙台でドラゴンズを奈落の下に突き落とした打者である。そして2位が我らの田尾安志選手。長崎3割5分1厘、田尾3割5分0厘1毛。その差は9毛差。仮に田尾が1本ヒットを打てば逆転する僅差だった。その試合、横浜は長崎をベンチに下げ、田尾を毎打席敬遠するという策に出た。田尾の打席は5打席。最後の打席で、3ボールからの敬遠球を2球続けて空振りした田尾。勝負してくれないことへの無言の抗議だった。その姿にドラゴンズファンはしびれ、横浜への怒りを掻き立てられた。もっとも、勝敗の行方にとって、この5打席連続敬遠の影響は大きかった。黙っていても5回、ランナーが塁に出るのである。優勝に向けての貢献度は大だった。

翌朝、本社から出動指令が下った。ドラゴンズ優勝を受けて、中日スポーツが飛ぶように売れている。駅の売店でその風景を取材することだった。こんな楽しい取材はない。待ってました！とばかり、8年ぶりセ・リーグ優勝の余韻に浸る朝の名古屋の街へ飛び出した。

## ドラファンに蹴られドラ不安

1982年

〝野武士野球〟と呼ばれた豪快な試合ぶりで、1982年（昭和57年）のセ・リーグ優勝を勝ち取ったドラゴンズは、広岡達朗監督率いる西武ライオンズとの日本シリーズに臨んだ。中学校の職員室で休み時間に夢中でテレビ中継を見た秋から実に8年。取材者という立場でも、ドラゴンズの日本シリーズに関わることになった。

シリーズの開幕は本拠地ナゴヤ球場。しかし第1戦は小松辰雄投手が西武打線につかまり完敗。第2戦はドラゴンズは都裕次郎、対する西武はのちにドラゴンズに移籍した杉本正と、両左腕対決となった。しかし、都投手は石毛宏典選手の打球が足に当たり、わずか6球で降板。続く投手が西武打線に打ち込まれ、2回を終えたところで、6対0で西武がリードしていた。この時点からナゴヤ球場は不穏な空気に包まれたようだ。

その日、私は勤務日だった。比較的平和な日曜日で、先輩たちと会社近くで昼食を取った後、名古屋市内での「国際交流イベント」の取材に出かけた。帰社したところ、「ナゴヤ球場がヤバい」という情報が持たらされる。実は、ドラゴンズの不甲斐ない試合ぶりに怒ったファンが、スタンドからグランドにモノを投げ入れ始めていた。ビンや紙コップ、食品などをヤジとともに、それは留まるところを知らなかった。ＥＮＧと呼ばれるテレビカメラを抱えてナゴヤ球場へ向かう。

７対１でゲームが終了すると、ファンの怒りは頂点に達した。レフトスタンド奥に停められた西武ナインのバスを取り囲み、叩いたり揺らしたりし始めたのである。私はカメラマンとして、その暴動を撮影していた。すると、ファンの一人が、「何を撮っているんだ！」と私の尻を蹴り上げた。「同じドラゴンズファンじゃないか！　何をするんだ！」と思わず怒鳴り返していた。

私の元へ、警備に当たっていた中川警察署の警官が飛んできて、すぐに被害状況を事情聴取させてほしいと言った。私の証言によって、〝暴徒〟を立件できるからである。

しかし、尾てい骨の痛みを我慢しながら、私はこう言った。

「お断りします。私もドラゴンズファン、気持ちは同じですから……」

いくら蹴飛ばされたからといっても、同じドラゴンズファンを〝売る〟わけにはいかなかった。私が撮影した騒ぎの映像は迫力満点であり、夕方のニュースで全国放送された。デスクにも褒められた。しかし、連敗のショックと同じ竜党に蹴られたショックで私の心は晴れなかった。

日本シリーズは、舞台を西武球場に移した第3戦、第4戦とドラゴンズが連勝。ナゴヤ球場でのあの暴動は何だったのかと思えるほど、ご機嫌なドラゴンズファンを再び怒らせたのが、2勝2敗のタイで迎えた第5戦だった。

3回2アウト2塁のチャンスから、平野謙選手が放った打球は一塁線を抜けた！……と思った。しかし、その打球は1塁塁審の足に当たって失速。当然ヒットと思ってホームに向かった2塁ランナー田尾安志選手が3塁にあわてて戻りタッチアウトになった。「審判はグラウンドでは石と同じである」という説明だった。世にいう「石ころ事件」である。

このゲームを3対1で落としたドラゴンズは、ナゴヤ球場に戻っての第6戦も、3回に4点を取られその裏すぐに4点を取り返す意地を見せたものの、結局9対4で破れ、西武に日本一の座を献上した。「石ころ事件」さえなければ、ひょっとしたら結果は逆だったかもしれない。

そんな日本シリーズだったが、そのシリーズの真っ只中で、グラウンドでの「石ころ事件」とは別に、とんでもない大事件が発生した。後に「警察庁広域重要指定113号事件」と呼ばれる、いわゆる「勝田事件」である。名古屋市内の交番で警察官が襲われて拳銃を奪われ、その拳銃で次々と被害者が出るという凶悪事件で、翌年逮捕された元消防士は、拳銃を奪う以前も含めて、１９７２年（昭和47年）から10年間に８人を殺害していたのである。日本の戦後事件史の１ページに加えられた大事件の取材が、日本シリーズとともに始まった。名古屋のマスコミにとっては、忙しい１９８２年秋だった。

## 地元スター選手の思い出

1983年

地元放送局に入社したことによって、時おりドラゴンズ関係の取材をすることになった。今でも鮮明に記憶しているのは、享栄高校のスラッガー・藤王康晴選手である。

１９８３年（昭和58年）２月、センバツ高校野球に選ばれた享栄高校をニュースで紹介する特集を担当することになり、学校のグランドに取材に訪れた。入社２年目の私は、とにかく前例踏襲が嫌いだったので、何とかニュースの描き方にも自分の色を出したいと思っていた。享栄ナインを紹介するのも、単に原稿で９人を紹介するのではなく、１人１人が自己紹介という形でマイクを持って、自分のアピールポイントを語るという演出を思いついた。

２月27日の日曜日。場所は名古屋市港区の東海電電グラウンド。享栄高校野球部は練習でこのグラウンドを使用していた。「東海電電」という名前だが、当時の電電公社であり、その後、民営化によって「ＮＴＴ」となる。ここにも時代の流れを感じる。

グラウンドを訪れて柴垣旭延監督に挨拶し、あらかじめ決めていたように、打順に沿

ってマイクを持ってもらい自己紹介をお願いした。藤王選手は４番だった。何といっても
その名前が良かった。「藤王」である。「４番ファースト藤王です。甲子園ではホームラン
を打ちます」などとカメラに向かって語ってくれた。そしてトスバッティングの風景など
を撮影して引き上げた。翌日、享栄高校の体育館では、センバツ旗の授与式があり、こち
らも取材に行った。このときの校長先生は〝マラソン校長〟として有名だった記憶がある。
学校創立70周年の記念イヤーに甲子園出場。盛り上がる壮行会のニュースに、前日に取材
したナインの自己紹介を合わせて放送した。

甲子園では藤王選手の打撃が爆発した。１回戦の相手は兵庫県の高砂南高校だったが、
４番の藤王は４打数４安打５打点。特に、ほとんど左手１本で打ったライトスタンドへの
ホームランには、テレビ観戦していた私も大興奮した。享栄高校は準決勝で敗退したが、
藤王選手は８打数連続安打や11打席連続出塁など、大変な活躍をして、一躍、スター選手
となる。取材で関わった選手が活躍するのは本当に嬉しいことだった。その年のドラフト
会議で、ドラゴンズは藤王選手を１位指名したが、その日の日記には「ここ数年で最高の
ドラフト」とファンとしてのわが思いが綴られている。ちなみにドラゴンズは２位で仁村
徹選手（東洋大学）、３位に三浦将明投手（横浜商業高校）を指名。５位は日大藤沢高校の左腕・

山本昌広投手だった。

藤王選手は背番号1を付けた。我々にとっては、あの20年ぶり優勝の立て役者・高木守道選手の大切な背番号、まったく異論なしだった。しかし、残念だったのは、そのシーズン、ナゴヤ球場に取材に出かけた際、藤王選手とバッタリ会ったとき、選抜高校野球の直前に取材に行ったことをまったく覚えていなかったことだ。マイクを持って自己紹介もお願いし、トスバッティングまで追いかけ、キャプテンとしてセンバツ旗を受け取るところも取材したのだが……。野球選手の取材のむずかしさを、19歳のルーキーから学んだ瞬間だった。

大都市・名古屋に一球団という事情もあってか、ドラゴンズには地元出身の選手も多い。藤王に続いては、同じ享栄高校から近藤真一投手、長谷部裕捕手が入団したし、山﨑武司選手、さらに、2011年（平成23年）セ・リーグMVPに選ばれた浅尾拓也投手も、地元の日本福祉大学から入団した。豪腕・福谷浩司投手も、同じ愛知県知多市の出身である。2015年シーズンで引退した朝倉健太投手も岐阜県出身で東邦高校出身、こうした岐阜県や三重県出身まで含めると高木守道選手や和田一浩選手など、地元ファンの前で活躍する数々の名プレイヤーを生んできた。

逆に残念なケースは、地元出身なのに他球団に入団して、さらに大活躍するケースである。愛工大名電高校からオリックス・ブルーウェーブ（当時）に入団したイチロー選手を筆頭に、最近でも東京ヤクルトスワローズの小川泰弘投手や東北楽天ゴールデンイーグルスの則本昂大投手など、かなりの数が東海地方から〝流出〟した。活躍している選手が多いということは、このエリアが〝野球どころ〟といわれる所以だろうか。

２０１５年（平成27年）ドラフト会議でも、県立岐阜商業高校の高橋純平投手が、抽選の結果、ソフトバンクホークスに指名が決まり、九州へ行くことになった。


そんな一人に、槙原寛己投手がいる。工藤公康や浜田一夫とともに「愛知の高校三羽ガラス」と呼ばれ、１９８２年（昭和57年）愛知県立大府高校を卒業して、ドラフト１位で読売ジャイアンツに入団した。２年目のシーズンだった１９８３年（昭和58年）５月14日、あろうことか、ナゴヤ球場でドラゴンズ相手に11三振２安打完封という快投を披露して勝利投手になった。

その翌日の日曜日、愛知県半田市の実家に取材に押しかけた。雨のためゲームは中止、ジャイアンツ広報に尋ねたら「実家に帰っている」とのことだった。「本人がＯＫなら取材もご自由に」と言われたので、母上に電話を入れて訪問した。取材についても良き時代でもあった。ちょうど外出先から帰宅したという槙原投手のもとには、中学時代からの友人が訪れていて、その輪の中で取材させてもらった。

剛球投手にはこちらも直球勝負だ。

「地元でドラゴンズ相手に投げることは、やりにくくないですか？」

「いろいろヤジられるけれど、今はジャイアンツの一員だと割り切っていますから」

「どんな風にヤジられるのですか？」

「裏切り者！とか言われますね」

「今からでも遅くないから、ドラゴンズに来てくれという声があります」

「……。やはり今はジャイアンツがいいです」

「今シーズン、開幕からパッとしないドラゴンズに一言ありますか？」

「地元のドラゴンズだから、やはり頑張ってほしいです」

槙原投手の人柄がにじみ出るインタビューだった。遠慮なき質問に対して、誠実に答えてくれた19歳の槙原投手だったが、その答の行間から、ドラゴンズに対する思いが感じられて嬉しかった。背番号「54」と書いてもらったサイン色紙は、今でも大切にしている。

高校野球１００年という記念大会となった２０１５年夏の甲子園「全国高等学校野球選手権大会」は、早稲田実業の1年生・清宮幸太郎選手をはじめ、かつてないほどのスター選手で盛り上がった。これだけキャラが立ち実力もある選手が揃った甲子園大会は、わが人生でも水島新司さんのコミック「ドカベン」以来であった。

１００周年を盛り上げる対談企画で、思い出に残る高校球児を語るなか、藤王選手の名前が出てきた。ドラゴンズファンとしての私にとっても、春の甲子園で放ったホームラン、そして入団への感激は忘れられないものであり、そんな郷愁が胸に訪れた２０１５年夏だった。

# Ⅳ　三冠男・落合博満選手との1年

【1986～1987年】

## ファンから番記者へ転身？

1986〜1987年

ドラゴンズファンの自分に〝異変〟が生じたのは1987年(昭和62年)、私は27歳だった。

その前年、1986年(昭和61年)は、散々なシーズンだった。3年目を迎えた山内体制だったが、開幕4連勝の好調もつかの間、特に自慢の打線が不調で、山内監督は7月に入ると成績不振により休養、高木守道さんが監督代行となる。結果5位だった。

そして、その秋には待望久しかった〝燃える男〟が名古屋に帰ってきた。誕生した星野仙一監督は、39歳の青年監督らしく、記者会見で選手たちへのメッセージを質問されて、「覚悟しとけよ」と答えた。

ドラゴンズファンとして実に頼もしく、この一言に拍手喝采だったが、まさかその後、自分自身が〝覚悟〟の日々を送ることになろうとは……。

ドラフト会議で、5球団競合の末に地元・享栄高校の左腕・近藤真一投手を引き当ててガッツポーズした星野新監督。チーム戦力の補強はこれで終わるはずはなかった。

そんな頃、ロッテ・オリオンズの落合博満選手がチームを出るのでは、という報道が出始めた。言わずと知れた、その年の三冠王。その年どころか2年連続、そして通算3回目の三冠王。しかし、ロッテも稲尾和久監督が交代する節目を迎え、主砲がチームを離れる話が出ていたのだった。行き先は読売ジャイアンツ。これで巨人はますます強くなってしまうと、ファンとしては気が気ではなかったが、そこに手を挙げたのが星野新監督だった。ドラゴンズが三冠王・落合を取りに行くと聞いたときは、正直「まじか？」という気持ちだった。

街がクリスマスムードに染まった12月23日、ドラゴンズとオリオンズの両球団は落合選手に関わる大型トレードを発表した。2年連続の三冠王を獲得するのだから、トレードの相手としてはそれ相応の見返りが求められる。主に投手を中心に名前が挙がったなか、結果は、抑えのエース・牛島和彦投手、ガッツあるプレイが人気の上川誠二選手ら4人と落合選手1人、4対1のトレードはドラゴンズファンの目にも〝特殊〟、異例中の異例と映った。兄貴分・星野新監督の誕生で、気合いが入っていたであろう牛島投手のショックは激しく、トレードに対して即答を避けた。そしてロッテ入りを受け入れたのがクリスマス、12月25日だった。

激動の年が終わり、新しい年が明けた。私は愛知県警、そして司法担当記者として、丸4年を迎えようとしていた。そんな1月……私は報道部長から呼ばれた。落合選手のドラゴンズ入団に向けて、スポーツ部とは別に、報道部としても担当記者を置くことになったという。そして、その〝落合番〟に指名されたのである。

報道部長いわく……。

「三冠男・落合選手の地元ドラゴンズへの入団は、もはやスポーツだけのテーマではない。これは社会現象である」

ユニホームを着たグラウンドでの取材はスポーツ部にまかせておき、人間・落合博満を取材しろということだった。4月の開幕に合わせた全国ネット番組「JNN報道特集」で、「落合の人間像を描くこと」と「打撃術を解明すること」がミッションだった。

これまでもニュース取材でドラゴンズと関わってきたが、今回は関わり方が違う。ドラゴンズファンの自分も大きな転機を迎えることになった。

「これで警察担当記者も卒業だな」

こう言ってにんまりと笑う部長に尋ねた。

「なぜ私が指名されたのですか？」

報道部長の答えはこうだった……。

「落合選手の嫁さんにいちばん気に入られそうなのがお前だから」

次の章からは、〝落合番〟、そして〝落合家庭番〟としての日々を語ろうと思う。特に最初の1年は、ドラゴンズファンとしての自分の気持ちと姿勢はもちろん守り続けていこうとしていたものの、取材記者としての立場が色濃く出た内容になることを、ご了承いただきたい。まさに、ファンとしては〝異常事態〟を迎えることになった。

## 初対面は「勉強して来いよ」

「勉強して来いよ。くだらねえ質問したら、その場でカメラのスイッチを叩き切るからな」

初対面の相手からのその言葉に、私は息を飲んだ。震え上がったとは意地でも言えないが……やはり震え上がっていた。

ロッテ・オリオンズから中日ドラゴンズへトレードでやって来た落合博満選手の密着取材を命じられ、〝落合番〟となった私が、取材対象に初めて挨拶したのは、年が明けて１９８７年（昭和62年）１月26日のこと。スポーツ担当アナウンサーの大先輩の仲介もあって、名古屋市中区の店で夕食、しゃぶしゃぶを食べることになった。メニューは落合選手のリクエストだと聞いた。落合選手だけでなく、信子夫人も一緒だった。落合選手はさまざまな行動の際に、信子夫人とのコミュニケーションを欠かさないと聞かされていたが、その席も夫婦そろっての出席だった。

1987年

正直、それほどの緊張はなく、むしろワクワクしていた。プロ野球大好き、ましてドラゴンズは〝好き嫌いのレベルではない。生活の一部〟と公言しているだけに、三冠王を3回も取っている名選手と会える瞬間に、ワクワクしないはずはない。報道マンとして丸5年が経とうとしており、4年にも及ぶ愛知県警取材で、事件や事故現場も数々経験して、相当の度胸もついていた……という思いもあった。

掘り炬燵の座敷で、落合夫妻を迎え、名刺を渡した直後だった。

「ふ～ん、キタツジっていうのか？　おめえがオレにインタビューするのか？」

「はい。折々、いろんな場面でお話を聞ければと思います」

そこで冒頭紹介した一言だった。

「勉強して来いよ。くだらねえ質問したら、その場でカメラのスイッチを叩き切るからな」

初対面の相手、33歳の三冠王からの突然の先制パンチには、本当に驚いた。でも、正直言って、その言葉の意味するところは十分に理解できていなかった。

後日、取材を進めるなかでその真意がわかった。あくまでも後日の理解である。我々取材記者は、担当を交代するときなど、相応にして社内引き継ぎをあまりしない場合がある。すぐに新しい担当としての取材が待っていたり、転勤したり、その場合は、担当する取材相手に一から話を聞くことになる。取材相手も報道側に対して配慮してくれて、丁寧に説明してくれる場合がほとんどだ。

しかし落合選手はこう言いたかったのだろう。

「それは違うだろう。なぜ同じ社内で引き継ぎをしてこない？　なぜオレが教えてやらなくちゃいけない？　オレは野球のプロ、お前たちも取材のプロなら、すでに先輩たちが質問したこととか、答えたこととかは頭に入れてから取材に臨んでこい。それが礼儀。それまでに出なかった質問になら、ちゃんと答えてやる。そうでなければ答える気はない」

もっともなことである。取材記者という人種はある意味で図々しい。私も現場で「何もわかりません。教えてください」と取材に臨むことがあった。その図々しさも記者にとっては、ある意味で大切な要素でもあるのだが、その〝予習不足〟を、落合選手は「くだらねえ質問」と一刀両断にし、「カメラのスイッチを叩き切る」と戒めたのだった。

実は取材に臨むこの姿勢のあり方は、その後の私の記者人生に大きく影響した。取材だけではない、人と出会うときの礼儀にも活かした。可能な限り、〝人に対する予習〟をするようになった。そんな大切なことを落合選手から〝勉強〟した初対面だった。それ以降、私のなかでは、折々「勉強して来いよ」「勉強して来いよ」という声がこだましている。それは現在も続いている。

初対面は初対面としても、その後の取材も順調ではなかった。

しゃぶしゃぶ夕食の翌日、落合選手はロッテ球団での挨拶のために、東京へ戻り、ロッテ本社や川崎球場などをまわった。〝時の人〟の動きを追い、多くのスポーツマスコミが殺到した。どう見ても、警察担当記者上がりの自分は、そのなかでは違和感があったと思う。そして、前夜に夕食をともにしている落合選手は、私のことをまったく無視。そりゃそうだろう、初めて会ってから24時間もたっていない記者なのだから……。これから、これから……と自分を鼓舞する。

ドラゴンズ球団への挨拶と名古屋での家探しにも同行した。ＣＢＣテレビ独占取材である。取材は名古屋駅のホームから始まったが、ホームに降り立った落合選手はやはり独特のオーラがあった。周囲の空気が明らかに変わった。

名古屋・栄の中日ビルにある球団への挨拶はともかくとして、家探しは〝落合家庭番記者〟として最初の仕事となった。不動産会社の案内で、名古屋市東部にある一戸建て住宅を3軒まわった。

この時期、信子さんが赤ちゃんを授かったことが明らかになっていた。夫妻にとって待望久しい二世。お腹をかばいながらの、そして3人で住むことを念頭にしての家探しだった。また落合家は大の犬好きで、東京の自宅では4匹の犬を飼っていた。この〝家族〟も名古屋に連れて来ると言う。そんな条件をクリアする家を見てまわり、私たち取材チームは一緒に動いた。候補5軒の内に1軒、東山動物園に近い名古屋市千種区の二階建て住宅を訪れたとき、ベランダに出た信子夫人がつぶやく……。

「この下にたくさんの記者さんが来るんだろうね、落合さんが名古屋で4度目の三冠王を取ったら」

もちろん2月からの沖縄キャンプにも同行した。ただ、我々の取材チームがほしかったのは、ユニホームを着てグラウンドにいて、どの取材カメラでも撮影できるという落合選手の姿ではなく、普段は誰にも見せない場面だった。だからキャンプインではなく、数日遅れてキャンプ地入りしたのだが、1月31日チームのキャンプ地への出発風景は見送りと同時に何か撮れないかと、名古屋空港（現愛知県営名古屋空港）へ出かけた。

星野仙一監督率いる新生ドラゴンズの注目度は高く、空港には大勢の報道陣が集まって、監督、コーチ、選手を追いかけていた。その中心は星野監督と落合選手だった。落合選手が空港に到着するとたくさんのカメラが殺到、私は突き飛ばされてバランスを崩し、近くにしゃがんでいた男性の背中に尻餅をつく形になった。

「バカヤロー！　誰じゃ」

なんとその男性は、その〝筋〟の親分らしき人で、親分の怒号で少し離れたところにいた子分が駆けつける。この時は一目散に人混みを縫って逃げた。翌日の中日スポーツで、「落合フィーバーの1コマ」として、その場面のことが面白おかしく記事になっていた。

そんな騒ぎをすっと離れた落合選手が向かった先は、空港の壁際にならぶ公衆電話。携帯電話などもちろんなく、まだテレホンカードも普及途中だった頃のこと。落合選手は手のひらに10円玉をチャラチャラさせながら、受話器で話を始めていた。相手は自宅にいる信子夫人だった。落合選手はいわゆる〝電話魔〟で、この頃、ひとつの行動を起こす度に、夫人と話す習慣があったのである。カメラはその風景をとらえたのだった。しかし、キャンプの抱負などをインタビューする時間はまったくなかった。

沖縄では選手たちと同じ宿舎である恩納村のリゾートホテルに宿泊して、早朝の散歩から練習までついて回った。しかし、「普段は誰にも見せない姿」というものは、文字通り「見せない」もの。たとえば、午前0時をまわる頃、ホテルの窓が少し開いていて、そこから垣間見られるのは上半身裸で人知れずバットを振る落合選手……なんて風景が取材できれば最高だったのだが、それは私の想像の世界での話。

取材期間で唯一、それに見合うシーンが撮影できたのは、練習後にひとりプールで行う水中歩行トレーニングの最中だった。プールサイドに来ていた地元の男の子たちがサインを求め、落合選手は半身を水につけたままで気軽に応じていた。

「おじさん、歌も歌うんだぞ」と、前の年に出したレコードのことを、子どもたちに話していた。そんなところに、普段は見えない人間性がにじみ出ていた。しかし、ここでもインタビューはかなわなかった。カメラのスイッチを叩き切られるチャンスすら、なかなか来なかった。

人間性といえば、一連の取材を通して私が今も印象に残っている落合夫妻の姿がある。取材などで自宅にお邪魔した後、我々が帰る際には必ず夫婦そろって、門の外まで見送りに出て来てくれたのだった。

落合選手は、

「北辻、早く帰れ！　オレに風邪引かせたくなかったら早く帰れ！」

こう言いながら、真冬の夜でも門の外まで来てくれた。それが来客であれ取材者であれ落合家の流儀なのだと言う。バックミラーで確認すると、二人の見送りの姿は車が角を曲がるまで続いていた。

この落合家の見送りルールについては、取材の成果を放送した「報道特集」にスタジオ生出演した際にも紹介したし、多くの人に伝えている。落合夫妻の人間性が最もわかりやすく表れている話だと思うからだ。

ご主人のガードは固かったが、信子夫人は私にいろいろな話をしてくれた。当時、信子さんは〝悪妻〟と呼ばれていた。『悪妻だから夫はのびる』という自らの著書、そのタイトルがきっかけだった。

こんな批判があった。「落合の奥さんはいいよなあ。旦那が１億もらっているから昼寝ばかりしているそうじゃないか」。しかし実際は違っていた。プロ野球選手によっては、ナイターが終わって帰宅すると、発汗作用によって、寝汗をかくという。落合選手も寝汗をかくため、風邪を引いて身体が冷えないように、信子夫人は夫が気づかないように目覚まし時計をかけて起きた上で、濡れたパジャマを何度も着替えさせるそうだ。だから熟睡できないため、昼間ウトウトしていることを「昼寝ばかり」と言われたようだ。やはり話を聞いてみないと真実はわからない。

3月、東京からトラック2台分の家財道具が運びこまれる本格的な引っ越しも、〝落合家庭番〟として手伝った。リビングに運び込まれた大きなサイドボード、しかし、中に入れるものが見当たらない。

「何が入っていたのですか?」

問いかける私に、信子さんはこう笑った。

「東京では、この中に、ホームラン王とか首位打者とかベストナインとか、落合さんが取ったトロフィーや盾が並べてあったの。でも今回、全部置いて空っぽで来ました。これから名古屋で活躍して、全部埋めてもらいます」

本当にすごい夫婦だと感動した。しかし、取材はまだ始まったばかりだった。

## 三冠バットの秘密を解明

1987年

キャンプ地の沖縄県石川市（現うるま市）、そして当時二次キャンプが行われていた宮崎県串間市と、落合博満選手を追いかけての取材が続いた。しかし、三冠男の壁は高く、その打撃の秘密を解明する手がかりも、そして、本音を語るインタビューもなかなかとれなかった。落合選手の周りにはいつも大勢の報道陣がいて、その壁は日に日に高く大きなものとして実感せざるをえなかった。

そんなとき、一緒に取材チームを組んでいた先輩カメラマンが提案してくれた。

「昔からよくある手かもしれないけれど、本人ではなく周囲、たとえばバットの取材をしたらどうだろう？　何かヒントが見つかるかもしれない」

早速、美津濃スポーツ養老工場（当時）に連絡した。そこには、久保田五十一さんという有名な〝バット名人〟がいる。落合選手のほか、セ・リーグで同じく三冠王を取った阪神タイガースのランディ・バース選手をはじめ、過去にはドラゴンズの谷沢健一選手、広島東洋カープの衣笠祥雄選手、そしてメジャーで野茂投手の女房役であったピアザ捕手らのバットを手がける稀代のバット職人、久保田さん。ワラにもすがりたい思いというか、ワラよりずいぶん太いバットにすがる思いだった。しかし、それは頼りになる太い〝ワラ〟だった。

養老工場に向かう道の両側には広大な田んぼが広がり、横を流れる小川は早春の日差しで水面がキラキラと光っていた。そこで私たちは、1本のバットと出会った。

そのバットは、前年落合選手が三冠王を取ったバットであり、新しいバット製造のモデルとして久保田さんの手元に届けられていた。久保田さんには落合選手のバットの特長や注文などを聴くつもりだったが、久保田さんはバットを手に「落合さんはバットを折らない選手なんですよ」と語り始める。そして……。

「落合さんはすごい」

「なぜすごいのですか？」

すると久保田さんはバットを手のひらで撫でながらこう言った。

「ボールを当てた跡が一点にしぼられている。そしてその一点というのが、木目の堅さから最もボールがよく飛ぶスウィートスポット（打芯）なのです。落合選手は、そのポイントを知っていて、そこにすべてのボールを当てている」

「……」

ゾクゾクした。それは取材者としてももちろんだが、長年のプロ野球ファンとしても興奮する話だった。

久保田さんが続ける。

「撫でてみると、その幅は3～4センチぐらいでしょうか？　同じように三冠王を取ったバース選手もすごいのですが、こちらは9センチぐらいに少し散らばっている」

そして、久保田さんは、後になってイチロー選手や松井秀喜選手のバットを手がけるなかで、すっかり知られることになるエピソードを話してくれた。久保田さんが削ったバットのグリップ近くを握り、ある選手が言ったそうだ。

「久保田さん、少し太いよ」

そんなはずはない。ちゃんとノギスで測っている。しかし、念のためもう一度測り直したら、最初のノギスが微妙にズレていたのだった。その差はわずか0・1ミリ。それを指摘したのは広島東洋カープの衣笠選手だった。もうひとり、落合選手からも同じような指摘を受けたそうで、バットを手で握っただけで瞬時にそれがわかる感覚の持ち主ということだ。

プロ野球の世界でのこうした名人の話に、ファンの立場だけで感激しているわけにはいかない。バットに残された落合選手の打撃の秘密……久保田名人が撫でてわかるそのボール跡をどう証明するのか？　テレビの映像としてどう表現するのか？　落合選手に代わって、バットに語らせることができるのか？

私は早春の養老でとんでもない宿題を課せられたのだった。

落合選手のバットの秘密。その実証に向けて最初に相談したのは、名古屋市熱田区にある名古屋市工業研究所だった。この研究所は、名張毒ぶどう酒事件という再審請求裁判で、弁護団提出の証拠のひとつだった王冠の歯型鑑定を担当したことでも知られていた。同じ実証実験で、バットのくぼみ（もしそう呼べるのなら）を明らかにできないか。突然、バットを持ち込みとんでもない依頼をしてくる記者に対して、しかし研究所の担当者は実験を約束してくれ、「1週間の時間がほしい」とにこやかに対応してくれた。期待が膨らんだ。

長い1週間がたち、私は再び研究所を訪ねた。実験室に入った私を待っていたのは、床1面に並べられた大きな紙とその上に書かれた1本の線だった。

「残念ながらバットは大きすぎました。目に見えるような変化はほとんど線としては描けませんでした。もう少し小さいものなら可能でしたが……」

王冠とバット、大きさからして、やはり無理だったか……。

しかし、肩を落としていただろう私に、研究所の担当官はこう告げた。

「証明したい狙いはよくわかります。ひょっとしたら、成功する施設があるかもしれません」

それが埼玉県大宮市にある富士写真光機（当時）だった。さらに先方に問い合わせまでしてくださり、「バットを持ち込んでください。お待ちしています」というアポイントまで取ってくださった。研究者の胸に何かが響いてくれたのか……。

野球の神様か取材の神様か、運命の糸に導かれるように、私は埼玉県大宮市（現さいたま市）へ向かった。2本のバット、1本は前年三冠王を取ったバット、そしてもう1本は未使用の落合モデルバット。その2本を大切に抱えながら。

生まれて初めての埼玉県。新宿駅から電車に揺られながら、大宮市に着いた。訪ねる先は、富士写真光機の光学研究室。名古屋市工業研究所の担当官からの紹介電話に続き、取材の狙いは直接電話で話してあったので、すぐに研究室に通されて、実証実験が始まった。

実験はモアレ・トポグラフィー（等高線写真）という手法を使った、2つの違う方向から光線を当てて、物の凹凸を浮かび上がらせるという。研究室の担当部長が、自らの顔をモアレ・トポグラフィーで撮影した写真を見せてくださるが、平面に見える額部分にもはっきりと等高線が浮かび上がっていた。これはいけるかもしれない。

モアレ・トポグラフィーの機械に2本のバットをセットする。右側は前年に使用したバット、左側は削りたての未使用バット。部屋の電灯が消されて、機械のスイッチが入ると、闇の中で光の当たった2本のバットが浮かび上がる。すると、バットの表面に木目とは違った縞模様が浮かび上がった。これが等高線なのだ。2本のバットにほぼ同じような縞模様。ところが、右のバットの一部分だけ、等高線が「く」の字型に曲がっている部分がある。

「少し回してみましょうか？」

研究員の男性がこう言って、右のバットをゆっくりゆっくり回し始める。するとバットのほとんどの部分はきれいな等高線なのだが、回転とともに1か所だけ明らかに「く」の字が表れた。これがボールの跡なのだ。真っ暗な部屋の中に、驚嘆のため息が漏れる。

「どれくらいの大きさでしょうか?」

「バット全体からすればほんの少し。そうですね、2、3センチでしょうか」

担当部長の声にも力がこもっている。落合選手は、バットのスウィートスポット(打芯)わずか2~3センチですべてのボールをとらえていたのだった。その落合打法がついに科学的に証明された瞬間だった。

## 取材の旅、そして番組放送へ

1987年

三冠男・落合博満選手のバットの秘密を、科学的に証明できたことで、取材はひとつの大きな山を越えた。しかし、それで満足しているわけにはいかない。取材の旅は続く。

落合選手は秋田県出身である。スラッガーの原点を求めて、秋田市に行った。出身校である秋田工業高校はラグビーの強豪としても知られている。当時の野球部時代を知る仲間によると、落合選手は入退部をくり返したそうだ。その理由に魅かれる。先輩後輩の徒弟制度のなか、暴力的な指導をする先輩がいたそうで、それが嫌で退部する。しかし、試合になると落合選手の力が必要だ。試合に出てくれと頼みに行くと、そこは男気のある落合選手、試合に合わせて野球部に復帰する。まったく練習に参加しなくても4打数4安打などの成績を残す。そのまま部に留まるかと思えば、先輩の指導が納得できずにまた辞める。そんなくり返しだったそうだ。

夜は当時の野球部監督行き着けの寿司屋でインタビューを兼ねて皆さんと夕食。そこで「秋田は短命県」と教えられた。高清水はじめ酒が美味しすぎて、ついつい肴で漬物を食べ過ぎてしまい、塩分が過度になるというのが理由だったが、出される魚も酒も本当に美味しかった。

社会人時代を過ごした東芝府中の本拠地、府中市にもお邪魔した。野球部のグラウンドで当時の監督から話を聞いた。センター奥にある4階建て団地の屋上タンクに、直接打球を当てたそうだ。当時、社会人でも金属バットの使用が解禁となったが、落合選手がそれで打つとボールが飛びすぎるため、木のバットで打つことを義務づけられたそうだ。それでも屋上タンク直撃である。ならばと、ライトスタンド奥の金網も積み上げた。しかし、落合選手の打球はその金網をも越えて、ライト場外の住宅にホームランボールが当たった。その家を訪れると、たしかにトタンの壁がボールの大きさに凹んでいた。その家の夫人が、嬉しそうに案内して、その跡を見せてくれた。そこからホームベースをふり返ると随分遠くにあり、飛距離の凄さを痛感させられた。

落合選手はシーズンに入る前に「正面打ち」という打撃練習を行う。ベースをまたぐように正体して、正面から飛んでくるボールを打つというユニークな練習方法で、バットから外すと当然ボールは身体に当たる。まさに身体を張った練習であり、落合選手によると、それは「右ひじの使い方」を整えるため。秘密練習であり、今までそれを撮影したメディアはない。

その取材が実現することになった。我々からの申し入れを落合選手が受け入れてくれたのである。場所は名古屋市内にあるドラゴンズの室内練習場。ワクワクしていた。誰も見たことがない「正面打ち」を間近で見ることができる。取材記者としてもファンとしても垂涎の場面だ。

しかし当日の朝、連絡が入る。前夜に食べたものが原因か、お腹の調子が悪く、練習には出るけれど、「正面打ち」はやらないという。それだけ精神の集中が必要な技なのだろう。

心配していたが、仕切り直しは数日後にあり、我々はその「正面打ち」を目撃した。マシンがホームベースに投げ込むボールを正面で見据えながら、コツーン、コツーンと左へ打つ落合選手。その目に釘付けになった。「カッと見開く」とは、まさにこのことを言うのだろう。それまでの取材の日々でも見せたことがない鋭い眼光で、落合選手は正面から来るボールを打ち続けた。カメラはその瞬間をとらえた。

そして、落合選手からきちんと話を聴くインタビューの日が訪れた。開幕直前の夜。場所は名古屋駅前にあるホテルのスイートルーム。落合選手は桜の季節らしいピンク色のジヤケットで現れた。

インタビューはベテランのスポーツアナウンサーと私の二人が担当した。実はこの１９８７年（昭和62年）という年は、落合選手にとって新しい球団での1年目という節目だったが、私にとっても結婚という大きなイベントがあった年だった。そしてこのインタビュー当日は結納に向けて、両家が初めて顔を合わせる夕食会だったが、このインタビュー取材があったため、私は遅れて駆けつけることにしていた。

インタビュー前半、落合選手から3回ほど言われた。

「バカだねえ、お前も。くだらないことを聞いて……」

質問のひとつは「今年のドラゴンズは優勝できる戦力ですか？」という、あまりにも直球で、かつドラゴンズファンなら当然聞きたい質問だった。しかし、カメラのスイッチは切られなかった。きちんと答えてくれた。

私に対する答が変わった瞬間は、東芝府中のグラウンドを訪れ、ボール跡が残る住宅の取材話をしたときだった。

「うん、知ってるよ。記念に残してあるって言ってた。ところで誰だと思う。オレにその場外ホームランを打たれた投手は？」

取材相手がこうした問答を持ちかけてくれれば聞き手としては「しめた」ものだ。なぜなら、そのインタビューに入り込んできてくれたからだ。

「誰でしょう？」

「誰だと思う？　身近にいるよ」

「ドラゴンズですか？」

「そう」

「う〜ん」

「杉本（正）だよ。社会人時代にね」

西武ライオンズからトレードでドラゴンズにやって来た左腕の名前をあげてニヤリと笑った。その後、さりげなく、秋田への取材へ行ったことを告げた。すると、秋田犬にビールを飲ませることがあるという地元のエピソードを話してくれたので、

「秋田は人も酒好きだけど、犬も酒好きなんですね」

と思わず言うと、

「バカ！　こんなところで乗るな」と、楽しそうに笑われてしまった。

取材は現場へ行くことが何より大切である。今回の取材で、顔を合わせていた沖縄と宮崎に続き、秋田や東京の府中まで取材に出かけた労を理解してもらったのだろう。


「まだ勉強不足ですね。沖縄からかなり一生懸命やったのですが……」

自嘲気味に話した私に、落合選手はこう言ってくれた。

「野球を知らない半分以上のスポーツ記者がいるけど、そういう奴らよりマシだよなあ」


インタビューは続き、「4度目の三冠王を取る」という力強い言葉で締めくくられた。

その三冠王宣言以上に私の印象に残った言葉は3つ。

「自分の名前、プライドのために野球をやる」

「ネットが高くなったら、なおそれを越える打球しかない」

そして、

「野球を知らない半分以上のスポーツ記者よりマシだよなあ」

という、自分にとっては嬉しい褒め言葉だった。

1時間近いインタビュー終了後、落合選手に質問された。

「今年いくつだ？」

「夏に28歳になります」

「へえ、若く見えるなあ。ところで28歳は所帯持ちか？」

「まだ独身です。でも鋭意努力中です」

「おお、そりゃあ、決まってるって感じだな」

「……」

その夜、結納前の夕食会があったことはもちろん内緒だったが、野球だけでなく嗅覚はさすがだと、感心する余裕がようやく私にも出始めていた。

そして、このインタビューの無事終了を受けて「報道特集」の放送日が決まった。

1987年

## 再びファンに戻った日

三冠男・落合博満選手を追った「報道特集」は、1987年(昭和62年)4月19日に全国ネットで放送された。一点でボールをとらえたバットの秘密と秘打「正面打ち」を軸に、家庭人・落合の素顔などを30分ほどにまとめた。TBSのスタジオにバットを持ち込んで、私も生出演で取材の裏話を語った。TBSのスポーツ部の方からも、「我々ではあそこまではできない」と過分なるお褒めの言葉も頂戴した。

これでまたひとりのドラゴンズファンに戻ることができる……そんな達成感と開放感を木っ端微塵に吹き飛ばしたのは、放送当日、打ち上げ会の後、東京に同行していた報道部長の言葉だった。

「お疲れ様。だけどこれで満足してもらっては困る。お前はまだまだ落合家に食い込んでいない」

言葉はきびしい口調に変わる。

「お前は落合家で皿洗いしたことがあるか!」

このお叱りとともに、シーズンが終わる頃、セ・リーグでの落合選手の1年を追った第2弾の「報道特集」を放送するよう命じられたのだった。ドラゴンズファンに戻る日は先延ばしになった。

シーズンとともに、私は2つのことを始めていた。ひとつは落合選手のシーズン全打席、それも全球を克明に記録しようということ。これをやれば、スポーツ記者にも負けない〝番記者〟になれると思った。報道部での宿直担当の夜などに、スポーツ部が収録しているゲームの中継映像を借りて、落合選手の全打席をチェックしながらダビングし整理した。そしてもうひとつは、機会あるごとに落合家に通うこと。上司の言葉ではないが、皿洗いをやろうと決意した。

皿洗いの機会はやがて訪れた。放送の御礼にお邪魔した際、信子夫人に「皿洗わせてください」とお願いして、台所で食器を洗った。報道部長は「たとえば皿洗いをするぐらいに家庭に入り込め」という意味で〝皿洗い〟と言ったことはもちろんわかっている。しかし、私にも意地があり、絶対やろうと決めていた。信子さんは「どうしたの？　北辻さん」と目を丸くしていた。

節目節目には家庭を訪問した。5月18日。信子夫人の誕生日に合わせて、花束を持参した。呼び鈴を押し、門まで出てきてくださった信子さんに「誕生日おめでとうございます！」と花を差し出す。

「えっ？　何？　私の誕生日は9月18日よ」

冷や汗が出た。でも救われたのは次の一言だった。

「でも、素敵なお花。嬉しいわ。いただくわね」

シーズンに入った落合選手は、パ・リーグで三冠王を取ったときのような爆発的な成績を残せないでいた。もちろん、並みのバッターなら十分に合格点の数字だったが、日本人初の1億円プレーヤーである。本人も周囲も高いレベルで見つめていた。

夏を迎え、ドラゴンズファンにとって、暑さを吹き飛ばす歴史的な快挙が生まれた。ルーキー近藤真一投手が、プロ初登板初先発でノーヒットノーランを達成したのだ。その相手が読売ジャイアンツとあって、私たち竜党のボルテージは上がった。お盆休みを前にした8月9日ナゴヤ球場。ジャイアンツ相手にまだ19歳にもなっていない高卒ルーキーを初先発させるところは、さすが星野仙一監督だった。この試合はＣＢＣテレビが生放送しており、9回に入ったところで私は快挙達成を信じて、ＶＴＲでリアルタイム録画を始めた。こういう映像はファンとして絶対に残しておきたい。

最後の打者・篠塚利夫選手を見逃し三振に打ち取って6対0で勝利。この試合で、落合選手は23号、24号と2本のホームランを打って花を添えている。さすが大舞台を知り抜いた役者だった。

その11日後、今度は落合家には何より嬉しいニュースがあった。待望の二世誕生である。8月20日、信子さんは男児を出産、自宅から近い名古屋第二赤十字病院だった。落合番になって決めていたことがあった。私の父は寝具店を経営していた。「落合家のベビーふとんはウチの店から持って行こう」。すでに落合夫妻にはその話もしてあった。

とはいえ、父も商売人なので、私は給料から料金を支払った。定価ではなく、原価にまけてもらった。当時、大阪などでふとんに針が混入される事件があったことから、落合家に持参する前夜は、父子二人で慎重にふとんのチェックをくり返した。そして、名古屋市千種区の自宅に届けたが、信子夫人はまだ入院中、落合選手も自宅には不在で、知人の方が留守番中だった。二世は福嗣君と名づけられた。

退院の日、病院のホールでは記者会見が行われた。独占取材でなく各社一斉の取材だったこともあり、私は別の予定が入っていた。しかし、4日前に亡くなられたOBでCBC

の解説者でもあった杉浦清・元監督の葬儀取材に、スポーツ担当がまわらなくてはならなくなり、急きょ私が記者会見に行くことになった。記者会見場では最前列に座った。すると、福嗣君を抱いた落合夫妻が会場に現れ、会見前にまず記者席にいる私に対して、

「おふとん、ありがとうございました」

「ありがとう」

と御礼の言葉を告げてくれたのだ。感激だった。取材に自宅にお邪魔した際の、門の外での見送りといい、こうしたところにその人の礼儀正しさが表れる。言われた私の方が恐縮してしまう言葉だった。

そして、信子さんからはこんな約束もいただいた。

「将来、北辻さんが結婚して子どもが生まれたら、直後に落合がナゴヤ球場で打つホームランのドアラ人形はお祝いに贈るわね」

落合選手を追った第2弾となる「報道特集」は、その年の10月4日に放送した。テーマはシーズン最後の10日間に密着してそのシーズンを描く……というものだった。初めてのセ・リーグでの日々、日本初1億円プレーヤーの思い、そして私生活での二世誕生などを追跡したドキュメンタリーだった。そして、これが私にとって独身最後の大仕事になった。

今回は報道部長からもお叱りはなかった。当然といえば当然だろう。落合家で皿洗いもしたのだから……。

こうして1年にわたった落合取材は一段落となった。私は1年ぶりに、ひとりのドラゴンズファンに戻った。しかし、取材は終わっても、落合家とのご縁は続いた。結婚披露宴で紹介したVTRには、夫妻が登場してくれて会場をあっと驚かせた。福嗣君のお宮参りの頃には、鯛の形をした巨大な蒲鉾の内祝が届き、新婚の妻を感激させた。

2年後、娘が誕生したとき、私は三重駐在記者として津市に住んでいた。まだ妻も出産直後で名古屋の実家にいた初秋の頃、仕事を終えてマンションに帰ると、管理人さんのところに大きな荷物が届いていた。「落合博満」という差出人の名前を見て、管理人さんは興奮している。その場で開封しかねない管理人さんには申し訳なかったが、部屋まで運び、一人で開封した。落合選手のサインが入った、大きなドアラ人形だった。約束の品だった。お祝いとはいえ、このドアラ人形は娘の目にふれることはなく、実家の私の部屋に大切に飾られた。赤ちゃんにとってはただの〝ぬいぐるみ〟にすぎないが、私にとっては落合番そして落合家庭番の日々の証し、〝宝物〟なのだから。

# V

# 熱闘！星野ドラゴンズ

【1988～2002年】

1988年

## 昭和最後の優勝者

優勝へ向けて、我々ファンの期待が高まった星野ドラゴンズ2年目は、開幕戦にスタメン出場したルーキー立浪和義選手の躍動感あふれるプレイでスタートした。甲子園でのＰＬ学園春夏連覇を達成したキャプテン。高卒の野手としての開幕スタメンはドラゴンズでは球団史上初、プロ野球でも王貞治以来29年ぶり３人目だった。前年に近藤真一投手のプロ初登板ノーヒットノーランがあっただけに、チームはもちろんだが、ファンのボルテージも上がっていた。

しかし、現実は厳しかった。１９８８年（昭和63年）開幕戦で小松辰雄投手がひじを痛め降板。次の２試合こそ勝ったものの４月が終わった段階で、ドラゴンズは首位の広島カープに実に８ゲーム差をつけられての最下位だった。ところが、６月に入ると3位に浮上。そして8月は15勝5敗で一気に10の貯金を積み上げ、８月31日には優勝マジック25が点灯した。

その原動力はセ・リーグで2年目を迎えた主砲・落合博満選手はじめ、円熟した世代となった投手陣・攻撃陣だったが、何よりも若手だった。立浪選手はもちろんだが、一番センターに定着した〝切り込み隊長〟彦野利勝選手、沖縄出身の快速右腕・上原晃投手、そしてアメリカ留学から帰国して先発陣に加わった山本昌広投手らが、次々と好成績をあげてチームに活力を与えた。若い選手の活躍はファンにとっても嬉しいものである。

ドラゴンズの選手層に余裕があった証拠のひとつは、6月末、ラルフ・ブライアント選手を近鉄バッファローズにトレードで放出したことだろう。その後、パ・リーグでホームラン王に輝くなどブライアント選手は近鉄の中心打者として活躍、ドラゴンズファンとしては本当に悔しい思いをした。特に、中日スポーツを毎日購読していた私としては、トレードの少し前の紙面で、解説者の広岡達朗さんが書いた記事、

「外国人枠の問題で1軍に入れないブライアントをトレードに出す噂があるが、絶対にやめた方がいい。彼は日本に順応するタイプで、大活躍するだろう」

これを読んでいただけに、切歯扼腕状態だった。それでも優勝するのだから、ドラゴンズは強かった。

この年はソウルでオリンピックが開催された。水泳の鈴木大地選手の「バサロ泳法」な

どが話題になったが、オリンピックの頃、星野ドラゴンズの優勝は確信に変わっていた。政財界を巻き込んだリクルート事件もこの年だった。ロッキード事件に続く大きな汚職事件で、日本は揺れた。そして、さらに日本国中がショックを受けたニュースが、ドラゴンズが順調にマジックを減らしていた9月中旬に起きた。昭和天皇の入院である。

9月19日の夜だった。昭和天皇入院の知らせを受け、休みだった私も緊急出勤した。翌日から、ニュースのトップ項目は、天皇の容態となった。血圧、体温、下血の有無など発表される数値に、国民が一喜一憂しながら心配の日々に入った秋だった。

10月7日、ドラゴンズはナゴヤ球場のヤクルトスワローズ戦でセ・リーグの優勝を決めた。11対3の圧勝だった。優勝決定試合は大差にもかかわらず、次々と一線級投手を繰り出す、いわば〝お祝い試合〟で、最後はセーブ王でMVPも獲得した郭源治投手が締めくくった。優勝決定の瞬間、マウンドでぴょんぴょん飛び跳ねる郭投手。

私は、それを職場であるCBC報道部のデスクで見ていた。1982年(昭和57年)以来6年ぶりの優勝だが、6年前と同じく、またしても宿直勤務だった。そして、ナゴヤ球場の状態は、これも過去と同じ。14年前の再現のように、ファンがスタンドからグラウンドに雪崩れ込んで、収拾のつかない騒ぎになった。折れ曲がったネットにはさまれてケガ人も出た。星野監督の優勝インタビューもなく、ナゴヤ球場は混沌の渦に巻き込まれていた。

そうなると、優勝を純粋に喜ぶ前に、ニュース報道という仕事のことを考える自分がいる。このままの騒ぎが続くと、名古屋の街は大変な夜を迎える予感がしていた。

そして、その予感は的中した。


天皇ご病気という事態を受けて、世の中はいわゆる〝自粛ムード〟に包まれていた。井上陽水が窓を開けて「お元気ですか？」と声をかける車のコマーシャルから、セリフの音声が消えたのが象徴的な出来事だった。ドラゴンズも、優勝祝賀会やビールかけの自粛を早々に決めていた。星野ドラゴンズ待望の初優勝、しかし、思いっきり祝うことができない空気……それがファンの爆発に結びついたのだろうか。

宿直デスクの私の元には、名古屋市内を流れる堀川に納屋橋の上から次々とファンが飛び込んでいるとか、テレビ塔下の噴水に大勢のファンが結集し雄たけびをあげているとか、様々な情報が届き、取材チームに次々と指示を出していた。

日付けが変わり午前2時。中心部である栄の騒ぎがさらにヒートアップしていると聞いた瞬間、祝杯をあげて会社に寄った同僚に留守番を頼んで、取材に飛び出していた。取材と言いながら、実は自分もファンのお祝いの輪に加わりたかったのが本音だったかもしれない、正直に言うと……。

栄の大通りには愛知県警が広報車を出して、ファンに静まるよう呼びかけていた。後に「ＤＪポリス」なる警官の放送が脚光を浴びたが、中途半端な呼びかけは火に油を注ぐだけだった。ファンは次々と噴水の池に飛び込み、取材に来ていたＣＢＣの記者も押されて水に落ちた。これはファンではない、暴徒だと腹が立ち、広報車の上でマイクを握っている警察官に「何とかしてください」と大声で文句を言った。

宿直勤務をそんなに長い時間離れるわけにはいかず、再び社に戻った。優勝の喜びとともに、思いっきり騒げない複雑な思いが自分のなかにも渦巻き、眠れない一夜を過ごした。


その後の日本シリーズについては多くを語りたくない。14年前と同じ西武ライオンズとの決戦だったが、１勝４敗の完敗。特に第１戦でライオンズの四番、ルーキー清原和博がナゴヤ球場の場外に打ったホームランは凄かった。この一振りで、シリーズの雌雄は決したと思う。落合選手がシリーズ後に語った言葉を今でも覚えている。

「四番の差だ」

ちょうど３か月後に、昭和という時代が幕を閉じる。結果的に、この年のドラゴンズのリーグ優勝は〝昭和最後の優勝〟となった。

## 異国でイライラ「10・8決戦」

1992〜
1994年

スイスはジュネーブにあるアメリカ合衆国代表部の前。一体自分はここで何をしているのか？　その日、私は真剣に自問自答していた。

1994年（平成6年）10月8日。時差8時間の日本、名古屋では、中日ドラゴンズと読売ジャイアンツの最終戦が始まろうとしていた。勝率はまったく同じ。実に簡単で、〝勝った方が優勝〟なのである。

伝説の「10・8決戦」当日のことだった。

1992年（平成4年）9月から、私はTBSをキー局とするJNN系列の特派員として、オーストリアのウィーンに駐在した。任期は三年間だった。修学旅行の三泊四日の間、実況中継が聴けないことが我慢できずトランジスタラジオを買った高校時代。バックパッキング旅行で国際電話ができる状況になりパリからの電話で真っ先にドラゴンズの成績を尋ねた大学時代。そんな自分が、愛しきドラゴンズから三年間も離れるなんて……。インターネットはあったものの、ジャックをつなぐのではなく、電話の受話器とパソコンからの受話器をベルトで固く結び合いアクセスしていた時代。リアルタイム実況なんて夢の夢だった。

特派員時代に実家の親に頼んだことは、月に一度、1か月分の中日スポーツをまとめてウィーンに送ってもらうことだった。とはいえ、そのまま送ったのでは重くなり、郵送料金が高くなる。読みたいのはドラゴンズのことが取り上げられる一面から四面だったが、放送局につとめる者としては芸能ニュースも必要だったので、「外側の2枚をそのまま送って」というリクエストをした。おかげでヨーロッパにいながらも、ドラゴンズの情報だけは漏れなく入手し続けていた。1か月遅れではあったが……。異国の地で、スミからスミまでドラゴンズの記事を読みまくった。

海外に赴任したとき、ドラゴンズの監督は高木守道さんだった。読売ジャイアンツの10連覇を阻止しての1974年（昭和49年）セ・リーグ優勝の立役者、満を持しての登場だった。しかし一年目の1992年は最下位。12年ぶりのことだった。その前の最下位監督は中利夫さん。私がドラゴンズを応援し始めた頃、大活躍だった中・高木の1、2番コンビが、監督として揃って最下位を記録したことになる。高校時代、ジャイアンツファンの同級生から「弱虫ドベゴンズ」と言われ、悔しい思いをしたことを思い出した。しかし、翌年の１９９３年（平成5年）は一気に浮上して二位だった。

シーズンオフに落合博満選手が、日本人初のＦＡ宣言をして、あろうことかジャイアンツに移籍した。海外で知るこの移籍のニュースは、ドラゴンズファンとしては本当にショックだった。

もうひとつ、かつての〝落合番〟として気になっていたことがある。それは、「名球会」という団体について思うところがあったのか、落合選手がかねてから「オレはヒット１９９９本打ったら引退する」と言い続けていたことだ。名球会入りの資格は、打者ならば「２０００安打」。だからこその発言だった。

しかし、実際は名球会には本人が希望しなければ入会しなくてもよかった。ジャイアンツへ移籍した落合選手は、１９９５年４月15日の阪神タイガース戦で２０００安打をホームランで達成した。５００安打、１０００安打、１５００安打、節目の安打は、すべてホームランで飾っている。やはり凄い打者である。ジャイアンツのユニフォームさえ着ていなければ、心から拍手喝采だったのだが、そこは竜党としては複雑だった。宿敵ジャイアンツにはどうしてもこだわってしまう。そして落合選手は名球会には入会しなかった。

さて、1994年である。この年は長嶋巨人が独走。7月の時点でドラゴンズは首位のジャイアンツと10・5ゲーム差だった。8月18日の巨人戦に敗れ、巨人にマジック25が点灯、そこから8連敗して4位に転落した。ウィーンにも「監督交代、星野仙一氏が再登板か」との情報が届く。しかし、その年の竜はそれまでの竜とは違った。9月18日のヤクルト戦からなんと破竹の9連勝を記録したのだった。

そんな秋、私はウィーンからスイスのジュネーブに出張していた。北朝鮮の核開発疑惑をめぐる米朝交渉の取材である。9月22日にジュネーブ入りした。ジュネーブはレマン湖畔にある国際都市である。かつて大学時代のバックパッキング旅行でも立ち寄った町。秋とはいえ、日差しはまだ十分に夏だった。名物の大噴水の横、モンブラン大橋を行きかう人々の服装はバカンスモードのカラフルさに飾られていて、取材でなければ本当に楽しい旅だと思った。

しかし、取材内容は国際的にも実に深刻なテーマだった。北朝鮮が1985年から加盟していたNPT（核拡散防止条約）を脱退、寧辺《ヨンビョン》という町での核開発疑惑が持ち上がり、ウィーンに本部があるIAEA（国際原子力機関）が、北朝鮮の施設を査察すべしと訴えていた。

そんななか、アメリカと北朝鮮の外交での対話がスタートした。いつ結論が出るともわからないこの交渉をマークすることが、今回のミッションだった。

アメリカの代表は、ロバート・ガルーチ国務次官補、北朝鮮は姜錫柱《カンソクチュ》外務次官。この2人を筆頭に、連日交渉が行われるのだが、会場はアメリカ合衆国の代表部とレマン湖畔の北朝鮮大使館で一日置きに変わった。当然、我々は一日置きに交渉会場を行き来しながら、片方の代表団の出入りを撮影し、可能なら〝ぶら下がり〟といわれる囲み取材を行う日々に突入した。

ニュース取材において〝待つこと〟は日常茶飯事、そのために常に文庫本をポケットに用意しているのが私のスタイルだった。海外ましてや出張先とあって、本の数にも限りがある。しかし、本の神様は見捨てることはなかった。宿泊していたホテルのすぐ裏に、なんと日本の書店が店を開いていたのだ。もちろん値段は高いが、読書好きにとっては貴重なオアシスだった。

話を中日ドラゴンズへ戻したい。ウィーンからジュネーブ入りする頃は、ジャイアンツの独走態勢だったため、心穏やかに取材に専念しようと思っていたが、米朝交渉が佳境に入る頃、何やらドラゴンズがよく勝ち始めたのだ。少しでもドラゴンズの情報を入手するため、ジュネーブの街角で売っている日本経済新聞の衛星版を購入し始めた。9連勝の後もドラゴンズの勢いは止まらず、10月6日の阪神タイガース戦で山本昌広投手が19勝目をあげると、ついにジャイアンツと同率で並んだのである。信じられないことに、10月8日、69勝60敗同士での最終戦でペナントレースが決着することになったのだ。舞台は本拠地・ナゴヤ球場だった。

前日10月7日のジュネーブでの日記にはこう記されている。

「いよいよ明日8日、ナゴヤ球場では中日と巨人がシーズン最終戦。そして、このゲームの勝者が優勝！ もうワクワクするよりも、悔しさが全面にある。この日に日本にいて応援できない、取り残された悔しさ……。米朝交渉は大詰めだ」

その朝、10月8日9時40分（日本時間8日17時40分）……私はアメリカ合衆国代表部の前にいた。ジュネーブはとてもいい天気で、門の前での〝張り番〟も気持ちのいい一日だったが、胸の中は嵐が吹き荒れていた。日本そして名古屋では、まもなくとんでもない決戦がプレイボールとなる。それなのに、自分はその場にいない。こんなところで一体何をしているのか？とまで思っていた。国際的に重要なニュース現場にいながら、実に不謹慎なことを思っていたのだが、ドラゴンズファンとしてはいざ仕方なし。時計を見ながら、8時間の時差を常に意識していた。名古屋は大変な興奮なのだろう。いや、名古屋どころではない、日本中が、この「10・8決戦」に沸き立っていることだろう。ましてや土曜日なのだ。ジュネーブの空は青い。まさにドラゴンズブルーである。

すると、領事館の職員からのブリーフィングで、本日の交渉が午後3時からに延期されたことが発表された。それまで5時間、動きはないと思われる。いったんホテルに引き上げることになった。その瞬間、心はスイスから日本へ、ジュネーブのレマン湖畔から名古屋のナゴヤ球場へと……飛んだ。

ホテルの部屋から名古屋のCBC本社に電話すると、すでにゲームは始まっていて、2対3でジャイアンツにリードされているという。ジャイアンツの得点3点は、すべて落合博満選手の打点という。〝落合番〟と〝ドラゴンズファン〟の2つの心が乱れる複雑な心境だ。名古屋の実家の父には、ゲームが決着する少し前に電話をかけてラジオの実況を聞かせてほしいと依頼してあった。

そして、13時20分（日本時間8日21時20分）、ホテルの電話交換台を通して、日本からの電話がかかってきた。父である。

「もうあかんぜ。負け負け。テレビ見とれせんぜ」

しかし、現実はしっかり受け止めようと、受話器をラジオに近づけてくれるようお願いする。

最後のバッターは代打の小森哲也選手。ジャイアンツの桑田真澄投手によって、空振り三振に仕留められた。6対3でドラゴンズは敗れた。絶叫するアナウンサーの実況中継を実に冷静に聴いていた。ただ「落合選手が泣いている」というくだりには、心がざわついた。複雑な思いだった。午後、再びアメリカ合衆国代表部に戻る。事情を知っている他社の特派員たちから、ドラゴンズ敗戦を慰められる。「きょうは荒れるでしょう？」とも言われ苦笑いする。

こうして、私にとっての「10・8決戦」は、秋のジュネーブ、レマン湖畔で実にあっけなく終わった。

その後、この「10・8決戦」は、ドラゴンズファンの間で、もちろんプロ野球ファンの間で語り継がれる。球場にいたという友人もいる。ドキュメンタリー番組も制作され、本まで出版される。しかし、そこに自分はいなかった。でも、いなかったからこそ、忘れえぬ「10月8日」なのかもしれない。……と負け惜しみでつぶやく。

最後まで優勝を争ったドラゴンズ。１９９４年は、投手では、郭源治が「最優秀防御率」、山本昌広が２年連続の「最多勝利」と「沢村賞」を獲得。打者では、アロンゾ・パウエルが初の「首位打者」、大豊泰昭が「ホームラン王」「打点王」の２冠となるなど、ドラゴンズがタイトルを総ざらいした年だった。たったひとつ、「優勝」という最大のタイトルを除いて……。

米朝交渉は、北朝鮮がプルトニウム濃縮計画を凍結し、ＩＡＥＡの監視を受け入れることで合意した。私がジュネーブを発ってウィーンへ戻ったのは、10月21日だった。「10・８決戦」でドラゴンズを破ったジャイアンツが西武ライオンズと戦う日本シリーズの開幕前日のことだった。

## さようなら、ナゴヤ球場

1996年（平成8年）は私にとって特別なシーズンだった。このシーズン限りで、中日ドラゴンズは本拠地を、建設中のナゴヤドームに移すからである。1959年（昭和34年）に生まれてから〝ご近所ファン〟として幾度、この球場に通ったことか。そして、その特別なシーズンに〝燃える男〟星野仙一監督がドラゴンズに帰って来た。

伝説の「10・8決戦」の翌年、1995年（平成7年）、ドラゴンズは少々おかしなことになっていた。最終戦での同率決戦という劇的な幕切れを演出した高木守道監督は、その翌年も采配をふるうことになったが、星野二次政権に向けた組閣も進んでいたため、高木現体制と星野新体制が入り混じったシーズンになったのが1995年だった。チーム内が落ち着かないとなかなか勝利は得られない。6月20日には、成績不振で休養を発表した高木監督がその夜のゲームで審判に抗議したことによって退場処分となり、そのまま姿を消す。

チームを引き継いだのは徳武定祐代行監督、しかし低迷は留まらず、オールスター戦の

1996～
1998年

間にこの代行監督も休養し、星野政権の参謀である島野育夫コーチが、代行の代行監督になった。1シーズンに3人の監督に代わったことは、ドラゴンズ80年の歴史のなかでもこの年だけであろう。

私は海外駐在3年目を迎えていた。高木監督の休養を知ったのは、クロアチアの首都ザグレブのホテルだった。旧ユーゴスラビア紛争を沈静化するために、日本人の国連事務総長代理・明石康さんがUNPROFOR（国際連合保護軍）を率いていたが、その活動の取材だった。しかし、どんな取材先でも、中日ドラゴンズの動向だけはウォッチしていた。高木監督休養と同時に加藤巳一郎オーナーも亡くなる。異国の地でファンの一人として心から哀悼の意を捧げた。

3年ぶりに日本に帰って迎えた1996年（平成8年）、星野ドラゴンズは勢いづいていた。

韓国のヘテ・タイガースから抑えの切り札として宣銅烈《ソンドンヨル》投手を獲得した。〝韓国の至宝〟と呼ばれていた投手で、星野監督が現役時代に自らもつけたドラゴンズのエース背番号「20」を与えたことからも、その期待の大きさがうかがえる。しかし初年度の宣投手は、日韓の違いに戸惑ったのか、登録抹消される時期もあるなど苦しい状況が続いていた。しかし、大豊泰昭選手や山﨑武司選手を中心とする打撃陣が活躍し、5月には首位に立つなど、我々ファンを喜ばせた。5月は大豊が、6月は山﨑が、それぞれ月間MVPを獲得したことからも、その勢いは証明された。

そして勢いの象徴は、野口茂樹投手のノーヒットノーランだろう。8月11日、東京ドームで左腕の野口投手はジャイアンツ相手に大記録を達成した。

しかし、優勝には一歩届かなかった。この年は、ナゴヤ球場の最後の年だった。新しい本拠地はナゴヤドームに決まっていた。かつて中日球場時代から、〝ご近所〟として共に生きてきた自分にとっては、感慨深い年となった。そして、その感慨を感動に変えるシナリオが進んでいた。またも、ナゴヤ球場での優勝のかかった一戦である。

10月6日の日曜日、ナゴヤ球場の最終戦。相手は首位を走る読売ジャイアンツ。このゲームを含めて、ドラゴンズが残り3試合を全勝すれば、ジャイアンツと同率のプレーオフにもつれ込む……まさに、2年前「10・8」の再来だった。

その年は選挙の秋だった。橋本龍太郎内閣による衆議院の解散総選挙が、10月8日公示、

20日投開票という日程で進んでいた。それまでの中選挙区制から、初めて「小選挙区比例代表並立制」という新しい選挙制度での最初の選挙だった。公示2日前の日曜日となれば、各候補予定者による集会も佳境を迎えている。私は名古屋市内の選挙区すべてを担当しており、その集会を次々とはしごして取材に回っていた。しかし、取材が終わったとき、車のラジオから流れてきたナイター中継を聴いてみると、ゲームは負けそうだが、試合はまだ終わっていないではないか。居ても立ってもいられない。ナゴヤ球場へ駆けつけた。

ゲームは残念ながら負け、相手のジャイアンツは優勝胴上げ。しかし、星野監督以下全選手によるセレモニーには間に合った。

「さようなら、ナゴヤ球場。最高の球場だと思っております」

この星野監督のひと言に思い切り拍手をした。新しいドーム球場は魅力にあふれるが、幼き頃から通い続けたナゴヤ球場への思いは格別だった。秋風のなか、ナゴヤ球場は最後の輝きを熱く放っていた。

ナゴヤ球場は、現在はすぐ横に合宿所や屋内練習場が作られるなど、〝ドラゴンズタウン〟として生まれ変わった。そのナゴヤ球場ゆかりの品を私は所有している。

本拠地がナゴヤドームに移った後の１９９８年（平成10年）に、ナゴヤ球場の照明塔が撤

去されることになった。5月22日、ニュースの取材に行く後輩記者に、

「もし廃棄されるのなら1個もらってきて」

と頼んだのが、照明塔の電球である。ナゴヤ球場には8つの照明塔が立っており、数えてみると一塔あたり120個の電球が付いていた。電球の数はざっと960個。

そして、取材チームはリクエスト通り、その内1個の電球を持ち帰ってくれた。予想通り、廃棄処分になる運命だったという。しかし、これはただの電球ではない。1954年（昭和29年）の天知俊一監督の日本一、1974年（昭和49年）の与那嶺要監督による20年ぶりのセリーグ優勝、そして私はいなかったが1994年（平成6年）のジャイアンツと優勝をかけた「10・8」決戦など、ドラゴンズの数々の歴史を見守ってきた電球なのである。残る959個の電球はすべて処分されたようだ。

直径1メートル近くある巨大な電球を目の前にして感動に打ち震える私に、報道部の先輩が、一日会社に置いておけと言う。翌日の日曜日にドラゴンズ番組があるので、せっかくだから誰か縁《ゆかり》の人のサインを頼んでみるとのこと。そして翌日、その電球には、番組ゲストだったOBで解説者の近藤貞雄さん（故人）のサインが入ったのだった。近藤さんは電球のガラス部分に豪快に「野武士野球で半世期」と書いてくださった。「半世紀」が「半

世期」と漢字が間違っているのはご愛嬌か。

この電球は２００６年（平成18年）に松坂屋本店で開催された「ドラゴンズ70年の軌跡展」で一般ファンから思い出の品の募集があり、応募したところ採用されて会場に展示された。電球を保管しようという酔狂な人間は私以外にはいなかったようで、世の中で唯一の「ナゴヤ球場照明塔の電球」だった。ガラスケースに入れられた電球を見ながら、愛すべきドラゴンズのお役に立つことができて、ファン冥利につきる思いだった。

1999年

## 開幕11連勝！　余裕のシーズンV

ドラゴンズを応援して57年のなかで、最も気楽だったシーズンは１９９９年（平成11年）であろう。実に開幕11連勝という、夢のような最高に気持ちのいいスタートだった。

この年、２期目の星野仙一監督は４年目を迎えていた。ナゴヤドームに移った初年度の１９９７年（平成９年）は、まさかの最下位だった。当時、小学生だった娘は「虫の居所が悪い」という言葉の意味をいち早く覚えた。この頃、毎晩不機嫌だった父親の姿を見ていたからだ。しかし、広いドームに慣れてきた翌１９９８年（平成10年）は２位に浮上して、私たちファンも期待のシーズンだった。

何といっても、強力な投手陣。先発は、開幕投手をつとめたエース・川上憲伸、左の山本昌、野口茂樹、そこに前年のパ・リーグ最多勝の武田一浩が加わった。そして中継ぎにはルーキー岩瀬仁紀とサムソン・リーの左投手２人と落合英二の右投手、抑えは〝韓国の至宝〟と呼ばれ星野監督が自らもつけたエースナンバー「20」を与えた宣銅烈《ソンヨンドル》投手。この４人が後半にそれぞれ１イニングずつ投げるだけでも、先発投手は５回を投げきればいいのだから、まさに「投手王国」だった。

このシーズンの私の最初の観戦は、開幕3戦目の広島カープ戦。ライトスタンドでゲームを見守った。すでに開幕2連勝、優勝への手ごたえを感じすぎるほど感じていたが、このゲームは、もうひとつ記念すべき試合となった。ドラフト1位で日本生命から入団した福留孝介選手が、プロ初安打初打点を記録したのだ。開幕2戦は沈黙していた福留選手だったが、見事な2ベースでプロ野球の第一歩を飾った。スタンドで大きな拍手を送りながら、間違いなく今後のドラゴンズ、そしてプロ野球を背負っていくであろう若者の記念日に立ち会えた幸せを噛み締めていた。

ちなみに、その3年後の2002年（平成14年）9月21日の横浜ベイスターズ戦の観戦では、井端弘和選手のサイクルヒットにも遭遇した。2014年（平成26年）7月26日には岩瀬仁紀投手の400セーブもスタンドから見守った。こうしたゲームは、ドラゴンズファンとしては〝儲けもの〟をしたみたいな一生自慢できる喜びである。

その福留選手は、3年前のドラフト会議でPL学園高校の内野手として、実に7球団から指名された。くじ引きの結果、当時の近鉄バッファローズの佐々木恭介監督が引き当てた。「ヨッシャー！」という叫び声は有名である。

その年、ドラゴンズは相思相愛だった福留選手を外すと、次の抽選も外し、結果〝外れの外れ〟の1位指名となった。それが荒木雅博選手である。後に井端弘和選手と組んで の〝アライバ〟二遊間として、黄金時代を支えることになる。福留選手は「希望球団では ない」として、近鉄への入団を拒否、社会人野球の日本生命に進んだ。福留選手は鹿児島県の出身で、幼き頃に訪れた宮崎県の串間キャンプで、ドラゴンズ立浪和義選手からもらったサインが嬉しくて立浪選手と同じＰＬ学園に進んだという逸話の持ち主。そんな縁もあった、ドラゴンズを希望球団にしてくれていたのだから、ファンとしては本当に嬉しかった。

そして、その福留選手をフォローし続けたのが星野監督であり、逆指名でのドラフト入団は、縁と努力が成就した、いわば必然的な結果だった。まだ入団が決まる前、ＣＢＣテレビ「サンデードラゴンズ」に出演した星野監督が、背番号1が空いている話をした後に、「孝介！　待ってるぞ」と呼びかけたときは、本当に嬉しかった。

ナゴヤドームでのこの観戦ゲームは、10対2で完勝。広島カープに3連勝して、開幕から最高のスタートを切った。

4月16日の読売ジャイアンツ戦に6対1で勝ち、開幕からの連勝は「11」まで伸びた。この日は福留選手がプロ入り初ホームランを打ち、勝利に貢献した。そして開幕11連勝は、

1954年（昭和29年）の西鉄ライオンズと並ぶプロ野球記録である。45年ぶりに記録に並んだのだが、その45年前にライオンズを日本シリーズで破ったのがドラゴンズなのだから、因縁というのは巡りくるものだ。

正直、ファンとしても「負ける気がしない」という思いだった。私は周囲に対し、早々に優勝宣言をしていた。とにかく強かった。

名古屋の街も梅雨入りし、最も蒸し暑い日々が続いた6月10日、ドラゴンズはいったん首位の座を明け渡した。しかし、わずか一日にして返り咲くと、そのまま一度も落ちることなく、優勝したのだった。

しかし、どんなシーズンにも「胸突き八丁」という苦しい時期がある。いくら独走していたとしても、不安はつきまとう。優勝を目前にしながらも、追ってくる読売ジャイアンツの影を感じていた9月後半、ドラゴンズ史に輝く名場面が誕生した。

それは9月26日、ナゴヤドームでのデーゲーム阪神戦。2対1で終盤に差しかかったゲームは、9回表に落合、そして岩瀬が打たれ始めたところから暗雲が立ち込める。そして、抑えの宣が、阪神の助っ人ジョンソンに逆転3ランを浴び、ゲームは2対4と一転して阪神のリードとなった。正直、このゲームは「やられた」と思った。

ところが、逆に2点リードされて迎えた9回裏、山﨑武司選手によるサヨナラ逆転3

ランが飛び出すのだ。テレビの前にいて、絶叫するアナウンサーの中継を聞きながら、山﨑選手以上に万歳をくり返したのが自分だった。ホームランを打った後、両手を突き上げた山﨑選手の喜びのポーズは、その後いったい何回くり返し紹介されてきたことだろう。この瞬間、１９９９年のドラゴンズのセ・リーグ優勝は決まったと言っても過言ではない。

ゲームはその年のナゴヤドーム最終戦であり、恒例の挨拶がある。

「日本シリーズでナゴヤドームに戻ってきます」

星野監督の力強い挨拶をファンのすべてが「当然」と受け止めた。

その4日後の9月30日、神宮球場で星野監督は宙に舞った。私は報道部のニュース編集長という立場で、その日のニュースを仕切っていた。パブリックビューイングが行われていたナゴヤドームはじめ名古屋市内に取材クルー6班を配置して、そのときを待った。

そして立浪和義選手が最後の打球をつかんだ瞬間、報道フロアにいたメンバーで万歳をした。取材先から電話連絡してくるスタッフには、いつもの「お疲れ様」の代わりにまず「おめでとう！」と叫んでいる自分がいた。

実はこの年の9月は、大きなニュースが満載だった。「１９９９年」と聞いて我々世代が思い出すのは「ノストラダムスの大予言」である。世界が終わりを迎えると言われた「1999年7月」は、実は旧暦だと9月のことらしいと誰かが口にしていた通り、にぎやかな1か月だった。岐阜県飛騨地方に大きな被害をもたらした台風の来襲、東海北陸道の崩落、愛知県豊橋市での竜巻被害、海外では台湾大地震など自然災害も多かった。そして事件も相次いだ1か月だった。

ドラゴンズが優勝を決めた9月最後の日、TBSの「NEWS23」編集長からは、冒頭ニュース「ドラゴンズ優勝」というラインナップ予定とともに、「北辻さん、優勝おめでとう！」というメッセージ入り項目表が、全国の系列局に送られた。ところが、茨城県那珂郡東海村で大変な事故が起きた。午前に起きた核燃料加工施設「JCO」の臨界事故によって、国内で初めて被曝による死者が出る惨事となった。トップニュースはもちろん臨界事故に差し替わった。

前回の優勝、1988年（昭和63年）のときは、昭和天皇のご病気によって、粛々とニュースが進み大騒ぎできなかった。もっと以前の1974年（昭和49年）の優勝は、ミスタージャイアンツ長嶋茂雄の引退発表に話題を奪われた。そして、この年も……。なぜか目立たない……ドラゴンズが背負ったそんな因縁を噛み締めながら、行く9月を見送った。

# Ⅵ　落合政権での黄金時代

【2003～2011年】

## 竜に帰ってきた三冠男

2003年

そのニュースを聞いたときは本当に驚いた。

星野仙一監督に続き、2年間指揮を執った山田久志さんの後任監督に、落合博満さんが決まったのである。秋田出身の山田さんから、同じ秋田出身の落合さんへ、同郷のバトンタッチであるが、最初はそんな簡単な言葉で片付けられるようなものではないと思った。

長い間ファンとしてドラゴンズを見守ってきたが、これまでのドラゴンズでは、この人事はありえないことだったように思う。それはきっとファンの気持ちも同じはず。落合選手はドラゴンズの四番打者ながら、FA宣言をしてチームを去り、その去った先は〝宿敵〟読売ジャイアンツだった。

ジャイアンツに対するドラゴンズファンのライバル意識は、かなり過激なものがある。

「ドラゴンズが勝つだけではダメ。同じ日にジャイアンツが負けてこそ、美味しいビールが飲める」

こう語るファンは多い。すなわち「ドラゴンズファン」＝「アンチ巨人」なのである。

だから、ジャイアンツの10連覇を阻止した１９７４年（昭和49年）のセ・リーグ優勝は、本当に価値があるものなのだ。そのジャイアンツへのＦＡ移籍である。

ジャイアンツ入りした落合選手はさらに、同率で並んだ天下分け目の一戦「10・８決戦」で、ホームランを含めた猛打によって、ドラゴンズの夢を打ち砕いたのである。

しかし、その落合さんに新監督を依頼した球団の決断を、私たちファンも大いに支持した。私の周囲の熱狂的な竜党たちからも、驚きの声こそあがったものの批判はまったくなく、「この人ならチームを何とかしてくれるのではないか」と期待が盛り上がっていた。

落合新監督の就任記者会見は、２００３年（平成15年）10月８日だった。くしくも９年前のこの日、ナゴヤ球場での「10・８決戦」の日であった。不思議な因縁だった。

最初に私たちファンの心を掴んだのは、就任したばかりの落合監督が、「トレードなど補強は一切しない。今の戦力が10％ずつ力をアップすれば勝てる」と現有戦力で戦うことを宣言したことだ。この理にかなった姿勢は、実はこれまでプロ野球界ではあまりとられてこなかった。星野仙一監督が、１対４のトレードで、当の落合選手を獲得したように、新体制の場合、得てして大きなトレードや戦力補強があった。しかし、「現在の戦力を色眼鏡なく見る。その上で戦う」という落合監督の姿勢は新鮮だった。そして、選手たちもそれに見事に応えた。

日本のプロ野球ファンというのは、トレードをあまり好まないように思う。家族の一員的に選手を愛し、極端な場合では、好きな選手が他球団に移っても応援するというケースもある。私自身も、１９８５年（昭和60年）の田尾安志選手電撃トレードはじめ、数々のトレードを受け止めてきたファンである。もちろん、新たな風は必要だが、慣れ親しんだ風で優勝できるならば、それはそれでファンにとっては歓迎である。「おらがチーム」だからだ。ただ、「本当に現有戦力で大丈夫か？」とファンの誰もが思っていた。


時を同じくして、かつて落合選手のバットを作った名人・久保田五十一さんと話をする機会があった。実は、１９８７年（昭和62年）に三冠王バットの秘密という取材でお世話になってから、久保田さんとの交誼も続いていた。３年間の海外特派員を終えて帰国して以来、毎年秋になると、久保田さんはご自分が岐阜県養老町で収穫した新米を送ってくださった。これが本当に美味しいお米なのである。

その秋も新米が届き、その御礼が言いたくて、久保田さんに電話をしたのだ。夜だったのだが、最初にお孫さんが電話に出られた。

「おじいちゃん！　電話だよ」

しばらくたって久保田さんの元気な声が受話器から届いた。

「もしもし」

「御無沙汰しております。ひょっとしてお休みでいらっしゃったのではないですか？」

「いや、パソコンをやっておりました」

究極の手作りであるバットとパソコン、その組み合わせの妙に一瞬だけ戸惑った。

久保田さんは還暦の60歳を迎えていた。そしてちょうど「現代の名工」に選出されたばかりでもあったから、お米の御礼の前に、まずそのお祝いも申し上げた。こうした御縁が続いているのも、かつての落合選手の取材のお陰、落合さんがいたからこそのことだと久保田さん談。まったく同感であり、話題は落合新監督のこととなった。


久保田さんが「現代の名工」に選ばれたとき、落合さんはこう語ったそうだ。

「選手の体格や打ち方を見て、その選手に合ったバットを作ってはダメ。注文通りのバットを作ること、それだけ。久保田さんはそれができるからすごい」

その言葉に応えるように、久保田さんは電話でこう語った。

「私が作るバットは『商品』ではない。『道具』なのです。それを教えてくれたのが落合さん。プロの『道具』の真髄を教えてもらった」

久保田さんはこのとき、海の向こうで活躍する2人、イチロー選手、そして松井秀喜選手のバットを作っていた。名人は名人を知る。一流は一流を知る。そんな単純な言葉にはしたくないような深いつながりだった。

そして監督となった落合さんが、一体どんな野球を見せてくれるのか？　その楽しみと期待で話は盛り上がった。

バット名人とそんな会話に花を咲かせていた頃、落合新監督注目のシーズンは、すでに過酷な秋季練習からスタートしていた。それは他球団が驚くほどの質量だった。

## 落合ドラゴンズ衝撃の開幕戦

2004年

落合博満新監督による開幕戦は2004年（平成16年）4月2日。当時は予告先発もなかった。この夜、ナゴヤドームにコールされた先発投手の名前を聞いた瞬間、私は職場で飛び上がった。これは多くのファンも同じ思いだったろう。

「ピッチャー川崎憲次郎、背番号20」

私たちドラゴンズファン含めて、一体誰がこの先発投手を予想しただろう。ヤクルトスワローズからFA宣言をしてドラゴンズに入団したものの、肩の故障から3年間一度も登板なし。ファンの間でも正直「高い買い物だった」という声があった。その川崎投手が先発、それも落合ドラゴンズの記念すべき最初のゲームである。

1回こそ抑えたものの、2回にカープ打線につかまり5点を献上。5対0のスコアに現実はきびしいなあと正直思っていた。ところが、この年のドラゴンズは違っていた。開幕戦の重圧にもかかわらず、この5点差をはね返し、結果は8対6の大逆転で開幕を勝利で飾った。このシーズンから抑えに指名された岩瀬仁紀投手が初セーブをあげた。

驚きの川崎先発について、落合監督はこう話した。

「このチームを変えるには、ケガで3年間苦しんだ川崎が必要だった」

劇的な開幕戦の勝利の翌日、私はナゴヤドームに観戦に訪れた。社会人になってから、開幕直後のこんな早い時期に球場へ駆けつけたのは初めてのことだった。それほど落合新監督の野球を楽しみにしていた。

先発は野口茂樹。ドラゴンズは2回裏にアレックス選手のホームランなどで一気に7点をあげて、結果は8対4で完勝した。

この日は内野席で観戦していたのだが、ふと気づくと1塁ベンチ上付近で、観客が立ち上がって、ある一角に拍手を送っている。目を凝らして見ると、そこには落合監督夫人の信子さんの姿があった。その隣にいる男性は、息子の福嗣君か？　イニングの合い間に通路を抜けて、二人のところへ向かった。

久しぶりの再会だった。信子さんは相変わらず気さくで明るく、かつて落合選手の腕の中でスヤスヤと眠っていた幼い福嗣君は高校2年生になっていた。ゲーム中だったのでゆっくり話し込むこともできなかったが、信子さんから嬉しいひと言があった。

「福嗣にいただいたベビーふとん、和歌山の（落合）記念館で今でも大切にとってあるのよ。フワフワです」
そのとき、すでに実家の寝具店は店を閉めていたが、「良いふとんは一生もの」と折々に言っていた父に伝えたら、さぞや喜ぶだろうと思った。

アテネ五輪で、福留孝介、岩瀬仁紀という中心選手を欠きながらも、落合ドラゴンズの快進撃は続いたが、その年のプロ野球界には、大きなニュースがあった。プロ野球選手会労組（選手会）による、史上初のストライキである。

大阪近鉄バッファローズとオリックス・ブルーウェーブの合併という球界再編案に端を発し、選手会はストライキを決定。9月18日（土）、19日（日）の2日間、日本プロ野球で初めて、ストによりゲームがなくなったのである。これはショックだった。幼き頃から、球場の歓声とともに生きてきた自分にとって、「野球のゲームがない」という事実は耐え難いことだった。優勝にひた走るドラゴンズを応援するために用意していた、9月18日ナゴヤドームでのジャイアンツ戦チケットも、未使用のまま日記にはさむことになった。

この2日間のゲーム中止で、ドラゴンズの優勝ペースに影響が出ないか心配だったが、それは杞憂に終わり、ドラゴンズはマジック1で、10月1日を迎えた。

ナゴヤドームに広島カープを迎えてのゲーム。私は編成部に所属して、スタジオサブでゲームを見守った。ＣＢＣテレビの中継日だった。これまでＣＢＣはドラゴンズの優勝胴上げを生中継する機会に恵まれなかった。今夜それが実現するかもしれない。ファンとしての思い、そして仕事への思い、この２つのベクトルは「ドラゴンズ勝利」で一致していた。

ゲームは投手戦でハイペースに進んだ。ドラゴンズはサヨナラ勝ちのチャンスがあったが勝ちきれず、１対１のまま延長戦に突入。そのゲーム途中に２位ヤクルトスワローズが負けたため、ドラゴンズの優勝が決まった。ファンとしての喜びを抑えながら、あとは落合監督の胴上げをきちんと中継することに注力した。延長12回、満塁ホームランを打たれて、その裏に１点は返したものの、結局５対２で敗戦。負けての優勝決定となったけれども、５年ぶり６回目の優勝に水を差すものではまったくなかった。落合監督は５度宙に舞い、ナゴヤドームは歓喜に包まれた。

ＣＢＣは開局史上初、テレビでドラゴンズの胴上げを中継することができた。瞬間最高視聴率は実に57・４％だった。

優勝決定試合について、ファンとしての思いと仕事への思いと書いたが、正直に告白すると、ドラゴンズファンとしての自分を一度だけ裏切った試合がある。それは、この後に続く、西武ライオンズとの日本シリーズである。ドラゴンズはナゴヤドームでの第２戦、立浪和義選手がライオンズのエース松坂大輔投手から劇的な３ランホームランを打つなど、好ゲームを続け、3勝2敗と日本一に王手をかけて名古屋に帰ってきた。

勝てば50年ぶりの日本一となった第6戦。しかし、この日のテレビ中継は他局が担当、そして翌日の第7戦にもつれ込んだ場合は、わがCBCが中継の担当日だった。編成という仕事への思いから、私はドラゴンズの日本一胴上げを生中継したかった。だから、第6戦、生涯でただ一度、ドラゴンズの相手チームを応援した。

その裏切りが、竜の神様の逆鱗に触れたのだろう。勝っていたゲームは、後にFA宣言してドラゴンズの一員になる和田一浩選手に逆転ホームランを打たれて敗戦。竜の神様の怒りは翌日も続き、CBCテレビが生中継した第7戦は、序盤からライオンズがドラゴンズを圧倒して、2対7で完敗。ライオンズは劇的な逆転日本一を飾り、ドラゴンズはまたしても日本一の夢を絶たれたのだった。


弱っている自分を元気づけたいとき、私は大好物の味噌煮込みうどんを食べる。一夜明けて、遅くまでの自棄酒で眠い目をこすりながら、翌日の昼食に私は味噌煮込みを食べていた。太く固い麺を啜りながら、ふと気づくと、昨日も一昨日も味噌煮込みを食べたことを思い出した。3日連続だった。こんな弱気ではいけないと、落合ドラゴンズ2年目に向けて、ファンとして気合いを入れ直した瞬間だった。

## 日本シリーズに通う日々

ナゴヤドーム3塁側内野席に座りながら思った……。

「一体自分はいつまでここにいるのだろうか」

ゲームは続く。まもなく日付も変わろうとしていた。

落合博満監督がチームを率いた8年間、ドラゴンズは5回も日本シリーズに出場している。セ・リーグ優勝チームとして4度、2位からプレーオフ（現クライマックス・シリーズ）を勝ち抜いて1度、合わせて5回なのだが、それまでのドラゴンズの歴史からすれば、その頻度は大変なことなのだ。おかげでファンである私たちも、日本シリーズを観戦する機会が激増した。

2010年

２０１０年（平成22年）の日本シリーズの相手は千葉ロッテマリーンズだった。

ついにこの日が来た！　忘れもしない36年前、１９７４年（昭和49年）、シリーズで苦杯をなめた相手である。あのときはチームリーダー高木守道選手の骨折というハプニングもあったが、今にして思えば、チームもそして私たちファンも、「20年ぶりのリーグ優勝」で満足してしまっていた感がある。しかし、今回は違う。常勝チームに育ったドラゴンズであり、まして監督はもともとロッテ出身、敵の手の内もわかっているはず。36年前のリベンジだ……と自ずから気合いが入った。

しかし、ナゴヤドームでの第1戦を落とすと、何かが狂い始めたのか、第6戦で再び名古屋に帰ってきたときは、2勝3敗と負け越し。ロッテに王手をかけられていた。

11月6日土曜日。この日は母校・明和高校の同期4人で観戦した。私がかつてクラスの黒板でドラフト会議指名速報をしていた当時からの仲間であり、日本シリーズ観戦後には、同期の宴会でドラゴンズに祝杯（そう信じていた）をあげる予定、店も予約してあった。ゲーム開始1時間以上前からスタンドに陣取って、ビールを飲み味噌串かつなどを食べ、盛り上がっていた。ゲームはリードを保って終盤へ。8回表、セットアッパーの浅尾拓也投手が1点のリードを守りきれず、ゲームは延長戦に入った。延長戦といっても、そこそこで決着はつくはずと思い、ゲーム後の宴会に備えて追加ビールは控えていたのだが、10回も11回も決着がつかない。12回になっても終わらない。その頃だ、予約していた店を、

〝とりあえず〟キャンセルしたのは……。

　時計の針は23時を回った。球場のボードに、JRの最終電車の時刻が表示され始めた頃、球場全体は興奮と緊張が入り乱れるなか、夜が深まって一体このままどうなってしまうのだろうかという心配も混ざった、何とも不思議な空気に包まれていた。

　ルールでは、延長15回で決着がつかなければ引き分けである。そして、それが現実のものとなったのは、実に23時54分。日本シリーズ史上初のことであり、5時間43分という試合時間も日本シリーズ最長となった。

　もちろん4人とも席を離れず、ゲームセットまで試合を見守った。そして「さて、どうやって家に帰るか？」という実に現実的な問題に直面した。ドームを出たときは、すでに日付をまたぎ翌日の日曜日になっていた。私は第7戦のチケットも買ってあったから、今夜またここに戻ってくるのだという思いとともに、ドラゴンズの2勝3敗1分となったことから「胴上げを目の前で見ることができないじゃないか」という悲しい事実にも気づいた。

　タクシー乗り場は予想通り長蛇の列、稼動数が少ない週末の深夜ということもあって待機するタクシーの台数も少ない。大曽根方面へデッキを渡り、ようやく1台のタクシーに行き当たり、相乗りで帰路についた。

翌日は幸い休日だったので昼近くまで寝た。ベッドで中日スポーツを読み、今夜のゲームに向けて自分を鼓舞した。17時前にナゴヤドーム入り。この日も3塁側の内野席で、昨夜よりもグランド近い場所だった。席についてみると、不思議な感覚に襲われた。つい先ほどまでここにいたような、妙な既視感。それはそうだろう、前夜から日付を越えるまで7時間ほどここにいたのだから。

第7戦、ドラゴンズは途中までロッテを6対2とリードした。これで3勝3敗1分になると、規定によって第8戦となる。この8戦のチケットを手に入れるにはどうしたらいいのか、そもそも自分自身、仕事を調整して観戦に行くことができるのか、などと考え始めたとき、ロッテの猛攻によって逆転を許してしまう。しかし、9回裏に和田一浩選手の起死回生の3ベースとブランコ選手の犠牲フライによって再び追いつく。かつて2004年、西武時代にドラゴンズの夢を打ち砕いた彼も、今は頼もしい味方である。そのまま勝ちきれず、ゲームはまたしても延長戦に入る。こうなると自分の感覚も麻痺してしまい、このゲームが24時間前と同じように15回まで続く錯覚に陥る。しかし、それは錯覚ではなかった。10回、11回と決着はつかない。ドラゴンズのマウンドでは浅尾投手が華奢な身体を躍動させて頑張っていた。しかし、その浅尾にも限界が来たのか、4イニング目となった12回表、ロッテに点をとられて敗戦。ロッテナインの胴上げが始まったのは23時15分だった。

この2日間、ナゴヤドームに滞在していた時間を合計すると、ほぼ14時間になる。このままでは興奮してとても帰ることができないので、一緒に観戦していた友人とタクシーを飛ばして、深夜までやっている昭和区滝子にある居酒屋でクールダウンした。ドラゴンズカレンダーを大切に掲げている店である。ほとんど仮死状態の自分がいた。その夜は、いつまでもナゴヤドームの観客席に座り続ける感覚で寝つきが悪かった。


落合ドラゴンズの日本シリーズとなれば、誰もがふれないわけにいかないのが、2007年(平成19年)、北海道日本ハムファイターズとの日本シリーズ第5戦、ドラゴンズが53年ぶりの日本一を決めた試合である。

完全試合(パーフェクトゲーム)目前だった先発・山井大介投手の岩瀬仁紀投手への交代劇は、プロ野球ファンだけでなく、社会現象として大きな論争テーマになった。もっとも、筋金入りの竜党の間では、落合采配の是か非かは論外、信頼すべき監督の采配は認める。その上で、なぜ落合監督は、あの采配をふるったのか?を論じ合った。

ある人は、落合選手がドラゴンズに来ての3年目、1989年(平成元年)8月12日のナゴヤ球場ジャイアンツ戦を例にあげる。ジャイアンツの斎藤雅樹投手が9回一死まで、あわやノーヒットノーランかというゲームだったが、ドラゴンズ4番の落合選手が、9回裏に20号の逆転サヨナラ3ランを放ち、斎藤投手の夢を打ち砕いたのだった。結局、斎藤投手はその投手人生において、ノーヒットノーランを達成していない。千載一遇の機会だった。落合監督は、それを打ち砕いた立場として、記録達成への怖さを認識していて、山井を岩瀬に交代させたという分析である。これも一理だろう。

しかし、その後になって、もうひとつの解答が目の前にやって来た。２０１０年(平成22年)8月18日、ナゴヤドームでのジャイアンツ戦のことだ。ドラゴンズの先発は山井。8回まで巨人打線をノーヒットに抑え、３対０で9回表を迎えた、ドラゴンズベンチは動かなかった。９回のマウンドに上がった山井は、先頭打者の坂本勇人にホームランを打たれ3対1、ベンチは山井を交代させた。

私はこのゲームを見ながら、２００７年の日本シリーズに思いをはせた。パーフェクトゲームかノーヒットノーランかの違いはあっても、大記録という点では同じ条件である。この坂本の先頭打者ホームランを見せられると、3年前の日本シリーズで続投していた場合のことが想像される。抑えたかもしれない。しかし、打たれたかもしれない。ただ、決して打たれてはいけなかったのである、たとえそれがヒット1本でも。ましてやスコアは

1対0。ドラゴンズの悲願、53年ぶりの日本一を達成できるかどうかの一戦だったから。そして落合監督は〝勝ちにいった〟のであった。監督として当然のことであった。

私はこの自己分析をファン仲間にも披露した。日本シリーズでの山井交代劇をファンなりに分析すると、それはこの2試合に集約されていると思う。

落合ドラゴンズの8年間は、度々のシリーズ出場によって、日本シリーズが持つ様々な局面を、私たちファンに見せてくれたのだった。

2004～
2011年

## 落合竜8年間その強さの秘密

落合博満監督が中日ドラゴンズを率いた2004年（平成16年）からの8年間は、私たちドラゴンズファンにとって、かつて経験したことのない日々だった。「王者を応援した日々」と言っても過言ではない。子どもの頃、巨人ファンの友人に「ドベゴンズ、ドベゴンズ」とからかわれたことからは考えられなかったことだ。

そのV9時代の巨人ファン、または、常勝・広岡～森時代の西武ファン……そんな人たちの気持ちが理解できるほど、落合ドラゴンズは強かった。

就任以来8年間の成績は、

優勝（2004年）
2位（2005年）
優勝（2006年）
2位（2007年）
3位（2008年）
2位（2009年）

優勝（２０１０年）
優勝（２０１１年）

すべてＡクラスである。長いドラゴンズの歴史のなかで、これだけ長きにわたってＡクラスを続けた時代はない。

さらに、２００７年（平成19年）はプレーオフで読売ジャイアンツに全勝して日本シリーズに進み、53年ぶりの日本一を達成。２０１０年（平成22年）と１１年（平成23年）は、球団初のセ・リーグ連覇である。私たちファンも「勝って当然」という空気に浸った。残すのは、リーグ優勝から日本一になる〝完全優勝〟だけだった。

この8年間には様々な出来事があった。スポーツ界では２００４年（平成16年）にシアトル・マリナーズのイチロー選手が、メジャーのシーズン最多安打を更新した。また同じ年のアテネ五輪をはじめ、アテネと北京の夏季、トリノとバンクーバーの冬季と数々のオリンピック大会があり、ヒーローやヒロインが誕生した。ドラゴンズの本拠地ということからすれば、２００５年に愛知県で「愛・地球博」が開催され、たくさんの人が訪れた。そして結果的に落合監督の最終年となった２０１１年は、3月11日に東日本大震災が発生し、大勢の犠牲者が出た。プロ野球も開幕が4月12日まで遅れ、また原発の停止による電力事情から、延長戦が12回で打ち切られるなど球界にも影響が出た。何よりも被災地はじめ日本全体を励ます役割が、プロ野球にも期待された。その年に連覇を果たし、落合監督はそのバトンを、高木守道監督に手渡した。

落合監督がユニホームを脱いで、最初の年こそ2位に踏みとどまったが、その後、ドラゴンズは負け始めた。落合監督の8年間にドラゴンズを好きになったファンは、明らかに戸惑っていた。「勝って当然」と思っていたから。高木守道監督の2年目、2013年（平成25年）シーズンで4位になったとき、その戸惑いはドームの入場者数や視聴率としてはっきりと表れた。

「昔のドラゴンズはこうだったよね」……自嘲気味に笑う長年のファンの気持ち、私は痛いほどわかる。でも、ドラゴンズはドラゴンズ。常勝であろうが、低迷しようが、応援し続けることが〝ファンの道〟だと思う。

落合采配の秘密、それは〝見る〟ことではなかったのだろうか。ちゃんと〝見る〟。あえて漢字を充てるならば、私は〝視る〟という字を選びたい。

２０１０年（平成22年）４月27日ナゴヤドームでの出来事だ。

ゲームが始まってしばらく後に、球審の様子がおかしいことに気づいた落合監督が、「体調が悪いのなら無理をせずに休んだ方がいい」と、ゲーム中に審判交代を進言したのである。その指摘通り、球審は不調を押し隠してゲームに臨んでいた。落合監督の指摘を受けて、球審は交代した。選手の動きだけでなく、グランド全体を〝視る〟。落合監督のその洞察力に、私はとても感激した。


また、こんなこともあった。２００５年（平成17年）から3年間、私は内部監査部門を担当していた。ちょうどお正月特番のインタビューのために訪れた落合監督とばったり会ったときのことだ。久しぶりの再会だった。

「おっ、元気か？」

「はい。今、内部監査の仕事をしています」

近況については、年賀状や手紙で知らせてあった。

「知っているよ。どうせ、社員がちゃんと仕事しているかどうか目を光らせて文句言っているんだろう？」

ニヤリと微笑んだ落合監督は、しかし、その直後に真顔になって、

「でも、大変な仕事だな」

こう続けたのだった。

このひと言は本当に嬉しかった。ちゃんと相手のことを〝視て〟、把握して、そして言葉にする。チームという組織を率いる上でも大切なことだ。担当記者だった二十代のとき、初対面で「勉強して来いよ」と教えられた瞬間が、昨日のことのようによみがえった。

落合監督の退任と高木守道新監督の再任が発表されたのは、2011年（平成23年）9月22日。就任のときも驚いたが、まだシーズン中だっただけにこのときも驚きだった。ドラゴンズがこの発表後に快進撃を続け、球団初のリーグ連覇を達成したことはご存知の通りである。

そして10月19日、ナゴヤドーム最終戦。ドラゴンズは前日に優勝を決めていた。この試合のチケットはシーズン予約席の対象カードではなかったので、パノラマ席も一般発売された。私は妻と2人で、6800円の内野席チケットを買い、ペナントレースでは地元で最後となる落合監督の姿を見るために球場へ出かけた。

しばらくして、ドーム放送席の並びにある関係者ブースで観戦中の信子夫人の姿を見つけた。階段を上がり、ガラス越しにお辞儀をすると、すぐにわかってくださり、「入って、入って」と手招きしてくださった。

その後、信子さんのブースにいた記者の一人がスタンドに迎えに来てくれて、係員にことわった上で、関係者ブースに招いてもらった。その際、その記者の方から質問された。おそらくスポーツ紙の落合番記者なのだろう。

「失礼ですが、落合さんとはどんなご関係の方なのでしょうか?」

「あなたの先輩です……かつては」

ブースでは、串に差した団子をいただきながら、一緒にゲームを観戦した。信子さんは、ご主人が指揮を執ったこの8年間のことをいろいろ話してくれた。

……落合博満という野球人に、監督という機会を与えてくれたドラゴンズ球団に心から感謝していること。昔からのチーム体質を変えることは並大抵のことではなかったこと。そして、一人息子の福嗣君が結婚して、落合家の家族が増えたこと。

かつて私が取材でお邪魔していた頃の思い出話にも花が咲いた。……東京から名古屋への引っ越しを手伝ったこと。皿洗いをして驚かれたこと。福嗣君が誕生したときに実家の寝具店からベビーふとんを持参したこと。わが家に娘が生まれたときにはお返しに、ホームランを打ったときのドアラ人形を贈ってもらったこと。

そんな観戦の最中でも、信子さんの意識の一部は目の前のグラウンドにあった。ドラゴンズがチャンスを迎えたり、得点したりするタイミングでは、すかさず応援グッズを手に取って、私たちの前で一生懸命声援を送っていた。ご主人である落合監督、そしてドラゴンズというチームのことを心から好きなのだ。ここにもひとり、熱心なドラゴンズファンがいた。

ゲームは4対1でドラゴンズが相手のヤクルトスワローズに勝ち、リードの5回からリリーフに立った吉見一起投手は18勝目をあげ、2年連続の最多勝を決めた。タイトルは取れるときに絶対に取るべきだという、これも落合采配の鉄則のひとつだった。

心から楽しい、そして思い出深い地元最終戦の観戦だった。そして、落合ドラゴンズは8年間の公式戦を締めくくった。

# Ⅶ プロ野球バンザイ!

【2012～2015年】

2012～
2015年

## 記録ラッシュのBクラス

２０１３年（平成25年）から２０１５年（平成27年）まで、中日ドラゴンズは、３シーズン続けてＢクラスに低迷した。３年連続のＢクラスは、実に45年ぶりのことだ。

８年間におよんだ落合体制を引き継いだのは、高木守道監督だった。コーチ陣にはチームＯＢをズラリと揃えたなつかしい布陣だった。１年目の２０１２年（平成24年）は２位、クライマックスシリーズのファイナルステージで読売ジャイアンツ相手にいきなり３連勝し王手をかけたときは、ファンとして、この事態を信じていいのかどうかわからないほど驚きながら、正直、これからの１勝が大変だろうと思っていた。結局、もう１勝が奪えず、逆転で日本シリーズ出場はできなかった。

１勝の重み……実は私たちファンは落合監督時代に〝学習〟していた。パーフェクトゲーム目前の山井大介投手の交代が代表例だろう。勝つときは徹底的に勝たなくてはいけないのだ。

日本シリーズ進出をあと一歩で逃したこととともに、このシーズンでもうひとつ残念だったのは、ルーキー高橋周平選手を起用し続けられなかったことだろう。せっかく高木監督自らが引き当てた金の卵、ファンとしては目をつぶってでも1年間使い続けてほしかった。

翌2013年からは連続Bクラスの3年間だったが、偉大な記録が続々と生まれた。

2013年5月6日には、谷繁元信選手が神宮球場の東京ヤクルトスワローズ戦で、2000安打を達成した。

翌2014年から落合博満元監督がゼネラルマネージャー（GM）に就任、谷繁選手は兼任監督となったが、記録ラッシュは続く。7月26日のナゴヤドームのジャイアンツ戦では、私の目の前で岩瀬仁紀投手が前人未踏の400セーブを達成、その夜は一緒にドームにいた大学時代の卓球部メンバーと美酒に酔いしれた。その2か月後の9月5日には、山本昌投手が阪神戦の登板、5回を無失点に抑えて49歳での最年長勝利を記録した。

そして2015年はまたまた記録ラッシュだ。まず6月11日には千葉での千葉ロッテマリーンズ戦で和田一浩選手が2000安打を達成、7月28日の阪神タイガース戦ではついに谷繁選手が、野村克也さんが記録したプロ野球最多出場記録3017試合を更新する3018試合出場を達成した。

まだまだある。山本昌投手は、最年長の世界記録をめざして、8月9日にナゴヤドームでシーズン初登板のマウンドに登った。その日ドームの外は、灼熱の太陽が照りつける猛暑だったが、山本投手の名前がコールされた瞬間、ナゴヤドームは地鳴りのように熱くどよめいた。私は3塁側スタンドにいて鳥肌が立つ思いだった。残念ながら2回途中の早々の降板だったが、引退表明後の10月7日シーズン最終戦、広島カープとの対戦で、最年長試合出場や最年長登板など自らが持つ記録を塗り替え、そして現役選手としてのマウンドを去った。

これほどたくさんのプロ野球記録が、凝縮されて生まれた3年間は、ドラゴンズ史上にはない。Tシャツやタオルなど数々の記念グッズが作られた。しかし、チームはBクラスと低迷。ファンとしては複雑な心境だった。選手個々のプレイや記録への〝感動〟はもちろんだが、やはりチームとしてペナントレースを勝ち抜いた〝感動〟がほしい。優勝パレードがあると必ず沿道で見守るが、何度やっても気持ちのいいものである。

ドラゴンズだけでなく、日本におけるプロ野球チームの存在は大きいと思う。２０１５年秋は、ラグビーという競技がワールドカップでの歴史的な活躍によって、大きくクローズアップされたが、実はつい先ごろまでは長い間人気獲得に頭を悩ませていた。それに比べれば、プロ野球ほど長い期間、多くのファンに愛されてきたスポーツはないと思う。一朝一夕の歴史ではない。そして、そのプレイは長年のファンだけでなく、多くの人々に〝感動〟を与えてきた。

たとえば、１９９５年（平成7年）。阪神・淡路大震災を受けて、地元のオリックス・ブルーウェーブは「がんばろうＫＯＢＥ」を掲げてシーズンを戦った。そして見事にパ・リーグ優勝。被災地を中心にどれほど多くの人たちが勇気づけられたことだろう。

東日本大震災のあった２０１１年（平成23年）は、全チームが「がんばれニッポン」を掲げた。仙台が地元の東北楽天ゴールデンイーグルスは星野仙一新監督のもと、被災各地を慰問にまわるなど、地元の人たちにエールを送り続け、仙台を中心に地元の人たちも「おらがイーグルス」と声援を送った。その年こそ優勝を逃したものの、２年後の２０１３年（平成25年）、エース田中将大の大活躍を軸に、見事にリーグ優勝、そして日本一を手にした。東北の盛り上がりは記憶に新しい。プロ野球の力を感じさせた。

そして、その盛り上がりには、ファンからのエールはもちろんだが、ファンに寄り添おうという選手たちからの〝心〟もあった。それが呼応しあって、社会現象的な感動になったと思う。

名古屋市営地下鉄の「ナゴヤドーム前矢田」駅からナゴヤドームに向かう地下通路の壁には、ドラゴンズの優勝の歴史や名場面シーンなどとともに、すべての選手の大きな写真パネルが飾られている。毎年、新しい写真のテープカットの際、列席した選手会長が自らの写真にサインをするが、なぜドラゴンズ選手一人一人が自分のパネルにサインして、ファンへの一言メッセージを書き込まないのか、と通路を通ってドームに行き来する度に素朴な疑問が巻き起こる。ここしばらくナゴヤドームが満席になるゲームが少なく、選手たちもヒーローインタビューで必ず「ドームに足を運んでください」「応援よろしくお願いします」とアピールしているが、この通路のパネル写真に全選手がサインしたら、きっとそれが何かが始まる象徴のような気がしてならない。

しかし、プロ野球全体を愛しているとはいえ、ファンの気持ちは〝おらがチーム〟に向かう。優等生的にプロ野球讃歌を唱える一方で、やはり大切なのは自分が応援する球団、その〝身勝手さ〟がファンなのだと思う……正直に、やはり〝おらがドラゴンズ〟なのである。

## 青い血が流れるファンとして　―私が選ぶベストナイン―

２０１５年（平成27年）、結成37周年を迎えたサザンオールスターズは、新アルバム「葡萄」を引っ提げて、「おいしい葡萄の旅ライブ」と称した全国ツアーを行った。６月に２日間にわたって行われたナゴヤドームでのコンサートでのこと。桑田佳祐は、ステージで歌った曲目が、すぐに「セットリスト」としてインターネット上にアップされてしまうことを話題にした。

「一生懸命に曲を選んで、皆も楽しみにしているのに、そりゃあないだろう」

そして、

「全体としてはまずまずだが、あの曲とこの曲は要らなかった……などと書いてある。勝手にしろよ～」

と笑いを取り、

「挙句の果てが、〝自分が選んだサザンのセットリスト〟ときたもんだ。うるせ～よ」

と話を締めた。会場は大爆笑だった。

しかし、ファンというものは、実はそういうものである。特に、プロ野球についていえば、それが顕著に表れていると思う。

「あそこは送りバントだね」

「投手交代のタイミングはあそこだった」

「代打でしょう？　あそこは」

さらに、選手補強や背番号までそれぞれの構想を語りだす。

ファンのすべてが〝評論家〟、いや〝監督〟のつもりなのだ。そして、そこまでのめり込めるスポーツが日本のプロ野球であり、長い歴史のなかでの魅力なのだと思う。

そんなファンの一人として、中日ドラゴンズ歴代選手のなかから、私が選んだベストナインを紹介したい。

投　手：杉下　茂

捕　手：谷繁元信

一塁手：谷沢健一

二塁手：高木守道

三塁手：落合博満

遊撃手：立浪和義
左翼手：江藤慎一
中堅手：田尾安志
右翼手：トーマス・マーチン

まさに自分の主観たっぷりの選択である。誰を選ぶかによって、ファンとしての自分史が浮き彫りに出る思いである。しかし、いずれもすんなりと決めることができた。

投手は、ファンになった小学生の頃から伝説として聞かされていた〝フォークの神様〟杉下茂。背番号20をドラゴンズのエースナンバーにした名投手だ。

捕手はプロ野球最多出場を記録した谷繁元信。何といっても野村克也選手が持っていた通算試合出場記録を初めて塗り替えた、そしてそれがドラゴンズのユニホームを着てのことだったことが、ファンとしてはとても嬉しい。

一塁手の谷沢健一は大きなケガを克服して首位打者を2回も獲得、その記録を達成したデーゲームにナゴヤ球場へ駆けつけた思い出から選んだ。

二塁手は文句なしでこの人。歴代のドラゴンズ選手のなかで、最も好きな選手であり、1974年に20年ぶりのセ・リーグ優勝の立て役者、バックトスの高木守道。

三塁手は取材でも深く関わった三冠男・落合博満。若い頃はセカンドを、そして後年ファーストも守ったが、ドラゴンズに移籍してきた頃、サードの守備で投手の一球一球に腰を深く落として守る、基本に忠実な姿が印象的であり三塁手での選出。

遊撃手には牧野茂さんという名選手もいるが、高校卒で入団し即レギュラーを獲得した立浪和義。私自身の新婚旅行中に開催されたドラフト会議1位指名で入団した選手だ。最多二塁打のプロ野球記録を持ち、最初のヒットも最後のヒットも二塁打だった。

左翼手は江藤慎一。ドラゴンズ在籍は11年間と長くはないが、小学生だった自分にとってドラゴンズ四番打者といえば、背番号8のこの人しかいなかった。

中堅手は田尾安志。大好きな選手だった。電撃トレードの悲しみは今でも続く。ファンとしての涙とともに文句なしの選出。

右翼手は少々意外かもしれないが、やはり20年ぶり優勝の思い出からマーチン。3打席連続ホームランの鮮烈なデビュー、優勝した瞬間にファンに帽子を取られても大喜びした笑顔、ピザレストランでの温かい人柄、そしてアメリカ帰国後の電話インタビューなど様々な要素から選出した。

ただひとつ迷ったのは「アライバ」と呼ばれた、荒木雅博と井端弘和の二遊間コンビである。落合監督によって鍛えに鍛えられたこの二人のプレイは、ファンとして大好きだった。広島カープとの試合で、センターに抜けようかという当たりをセカンド荒木が取り、ショート井端にバックトス、井端がファーストに投げてバッターアウトというプレイは、何度リプレイで見てもワクワクする。「アライバ」の真骨頂だろう。守備を評価されるゴールデングラブ賞を２００４年（平成16年）から２人そろって６年連続受賞していることからも、この二遊間のレベルの高さがわかろうというものだ。ただ今回は、どちらか一人だけを選ぶわけにいかず、二人そろっての次点とした。

このほかに幾通りものベストナインを選ぶことができる。それが球団創設80年の歴史であり、ファンの思いである。

ただ、残念なことは、２０１５年シーズン限りで選手を引退した谷繁監督、そして現在は解説者として活躍中の立浪さん以外、ほとんどが、かなり以前の歴史を感じさせる顔ぶれだということだ。もっともっと最近活躍したスーパースターが出てきてほしい。現役選手だったら、とにかく大歓迎だ。

球団創設80年の年を迎え、このベストナインに割って入ってくる新星の登場を、心から願っている。ファンというものは〝感動〟はもちろんだが、〝夢〟を見たいのである。

# おわりに　―ドラゴンズファンここにあり！―

中日ドラゴンズは球団創設80周年を迎えた。ファンとしても本当に嬉しいことである。しかし、同時にチームは大きな節目を迎えている。長年チームを支えた選手の多くがユニホームを脱いだ。生まれ変わるとき、生まれ変わらねばならないときがやって来た。

私の周りにも大勢のドラゴンズファンがいる。大学時代の卓球部の仲間とは「ナゴヤドーム・ツアー」と称して、毎年ジャイアンツ戦を外野席から応援する。先輩2人が巨人ファンなので対戦カードは決まっている。

監査法人の公認会計士メンバーが集まるドラゴンズ会では、毎回ドラゴンズの話題しか出ない。季節の挨拶すらもない徹底ぶりだ。

そして、出版社「ゆいぽおと」の山本直子さん。実は、知る人ぞ知る熱烈なドラゴンズファンである。この本は「ドラゴンズファンの立場から歴史を書いてみませんか」と声をかけられたことがきっかけだった。日記帳を読み返し、ドラゴンズと自分の歴史を確認する時間は本当に楽しく、同時に自らの人生にドラゴンズが欠かせないものだということを再認識する機会にもなった。ドラゴンズファンの縁が生み出した本だと思う。

ドラゴンズの選手たちには、熱い思いを持って応援し続けるたくさんのファンがいることをいつも忘れず、〝おらがドラゴンズ〟でいてくれることを願いたい。

そのドラゴンズに対するファンとしての私の思い、それは……いつも〝おらが町の球団〟として一生懸命応援したい。勝てば喜び、負ければ怒り、それでも、いつも忘れずにいたい。〝おらが球団〟であるドラゴンズを愛していたい……それがファンだと信じている。これからもファンとしての私の歩みは続く。

あなたはドラゴンズファンとしてどう生きていますか？

〝ドラゴンズタウン〟名古屋にて

２０１６年初春

## ●中日ドラゴンズ　歴代監督とシーズン成績（1966年～2015年）●

| | | |
|---|---|---|
| 1966年（昭和41年） | 西沢道夫 | 2位 |
| 1967年（昭和42年） | 西沢道夫 | 2位 |
| 1968年（昭和43年） | 杉下　茂 | |
| | 本多逸郎 | 6位 |
| 1969年（昭和44年） | 水原　茂 | 4位 |
| 1970年（昭和45年） | 水原　茂 | 5位 |
| 1971年（昭和46年） | 水原　茂 | 2位 |
| 1972年（昭和47年） | 与那嶺要 | 3位 |
| 1973年（昭和48年） | 与那嶺要 | 3位 |
| 1974年（昭和49年） | 与那嶺要 | 優勝 |
| 1975年（昭和50年） | 与那嶺要 | 2位 |
| 1976年（昭和51年） | 与那嶺要 | 4位 |
| 1977年（昭和52年） | 与那嶺要 | 3位 |
| 1978年（昭和53年） | 中　利夫 | 5位 |
| 1979年（昭和54年） | 中　利夫 | 3位 |
| 1980年（昭和55年） | 中　利夫 | 6位 |
| 1981年（昭和56年） | 近藤貞雄 | 5位 |
| 1982年（昭和57年） | 近藤貞雄 | 優勝 |
| 1983年（昭和58年） | 近藤貞雄 | 5位 |
| 1984年（昭和59年） | 山内一弘 | 2位 |
| 1985年（昭和60年） | 山内一弘 | 5位 |
| 1986年（昭和61年） | 山内一弘 | |
| | 高木守道 | 5位 |
| 1987年（昭和62年） | 星野仙一 | 2位 |
| 1988年（昭和63年） | 星野仙一 | 優勝 |
| 1989年（平成元年） | 星野仙一 | 3位 |
| 1990年（平成2年） | 星野仙一 | 4位 |
| 1991年（平成3年） | 星野仙一 | 2位 |
| 1992年（平成4年） | 高木守道 | 6位 |
| 1993年（平成5年） | 高木守道 | 2位 |
| 1994年（平成6年） | 高木守道 | 2位 |
| 1995年（平成7年） | 高木守道 | |
| | 徳武定祐 | |
| | 島野育夫 | 5位 |
| 1996年（平成8年） | 星野仙一 | 2位 |
| 1997年（平成9年） | 星野仙一 | 6位 |
| 1998年（平成10年） | 星野仙一 | 2位 |
| 1999年（平成11年） | 星野仙一 | 優勝 |
| 2000年（平成12年） | 星野仙一 | 2位 |
| 2001年（平成13年） | 星野仙一 | 5位 |
| 2002年（平成14年） | 山田久志 | 3位 |
| 2003年（平成15年） | 山田久志 | |
| | 佐々木恭介 | 2位 |
| 2004年（平成16年） | 落合博満 | 優勝 |
| 2005年（平成17年） | 落合博満 | 2位 |
| 2006年（平成18年） | 落合博満 | 優勝 |
| 2007年（平成19年） | 落合博満 | 2位 |
| | ★53年ぶり日本一 | |
| 2008年（平成20年） | 落合博満 | 3位 |
| 2009年（平成21年） | 落合博満 | 2位 |
| 2010年（平成22年） | 落合博満 | 優勝 |
| 2011年（平成23年） | 落合博満 | 優勝 |
| 2012年（平成24年） | 高木守道 | 2位 |
| 2013年（平成25年） | 高木守道 | 4位 |
| 2014年（平成26年） | 谷繁元信 | 4位 |
| 2015年（平成27年） | 谷繁元信 | 5位 |

北辻利寿（きたつじ　としなが）
１９５９年、中日球場近くの名古屋市中川区で生まれる。以来ドラゴンズファン一筋の人生。キャッチコピーは「自分にはドラゴンズブルーの血が流れている」。
１９８２年、愛知県立大学外国語学部フランス学科卒業。中部日本放送入社後、報道局に配属。記者、海外特派員、編集長、報道部長などを経て、現在ＣＢＣテレビ報道局長。
著書に『ニュースはドナウに踊る』（ＫＴＣ中央出版）。

装丁　三矢千穂
撮影　竹谷　出

愛しのドラゴンズ！
―ファンとして歩んだ半世紀―

２０１６年２月12日　初版第１刷　発行
２０１６年３月24日　初版第２刷　発行

著　者　北辻利寿
発行者　ゆいぽおと
〒４６１-０００１
名古屋市東区泉一丁目15-23
電話　０５２（９５５）８０４６
ファクシミリ　０５２（９５５）８０４７
http://www.yuiport.co.jp/
発行所　ＫＴＣ中央出版
〒１１１-００５１
東京都台東区蔵前二丁目14-14
印刷・製本　モリモト印刷株式会社


ISBN978-4-87758-455-9 C0095
JASRAC 出 1515824-602

ゆいぽおとでは、
ふつうの人が暮らしのなかで、
少し立ち止まって考えてみたくなることを大切にします。
テーマとなるのは、たとえば、いのち、自然、こども、歴史など。
長く読み継いでいってほしいこと、
いま残さなければ時代の谷間に消えていってしまうことを、
本というかたちをとおして読者に伝えていきます。